ALFONS SCHUHBECK

Meine neubayerische Küche

KLASSIKER MODERN INTERPRETIERT

Inhalt

Neubayerisch – was steckt dahinter?

INTERVIEW VON VINCENT RUDOLPH

Herr Schuhbeck, haben Sie die bayerische Küche jetzt ganz neu erfunden?

Neubayerisch heißt ja nicht gleich neumodisch. Nein, ich habe mir die Klassiker unserer bayerischen Küche angeschaut, ihre DNA analysiert und sie dann ein bisserl moderner und zeitgemäßer interpretiert.

Müssen wir Angst haben, dass der Schweinsbraten jetzt ganz anders schmeckt?

Keine Angst. Blaukraut bleibt Blaukraut und Schweinsbraten bleibt Schweinsbraten. Die Persönlichkeit der Gerichte habe ich immer erhalten. Mir geht's vor allem um die Zubereitung, die muss leichter werden. So leicht wie die bayerischen Farben sind. Weiß-blau, locker und luftig.

Und auch nicht mehr so viele Kalorien haben?

Bekömmlicher, leichter verdaulich sind sie, würde ich sagen, weil die meisten Leute ja heute sitzende Tätigkeiten haben. Ist ja nicht mehr so wie früher, als die Menschen den ganzen Tag körperlich hart gearbeitet haben.

Was macht Ihre moderne Küche noch aus?

Die Gerichte dürfen auch vom Geschmack her nicht so schwer daherkommen. Nicht nur immer Fett, nein, auch Gewürze sind ein guter Geschmacksträger. Meine neubayerische Küche ist leichter, sonniger und mediterraner.

Wie zum Beispiel Ihr Obazda?

Richtig, den mache ich mit Parmesan und Trockentomaten. Im Kern ist mein Obazda zwar immer noch bayerisch, aber mit a bisserl einem italienischen Einschlag. Wir Bayern sind nämlich ein neugieriges Volk und schmecken gerne über den Tellerrand hinaus.

Das war aber auch nicht immer so?

Unser Land hat sich in den letzten Jahrzehnten gewandelt und geöffnet. Wir waren ja früher ein reiner Bauernstaat und jetzt sind wir international aufgestellt. Und da muss sich auch unsere Küche mitentwickeln. Modern und weltoffen. Hier ein Touch Italien, da ein Schuss Exotik, das schadet unserer heimischen Küche nicht.

Schnitzel „Schmied von Kochel", Rahmknödel „Valentin", Spanferkelbrust „Lola Montez". Wie sind Sie denn auf diese Gerichte-Namen gekommen?

Bayern war und ist ein Land voller Persönlichkeiten. Aber noch keiner hat ihnen ein kulinarisches Denkmal gesetzt. Aber das mach ich jetzt. Manche Rezeptnamen beziehen sich auch auf landschaftliche Schönheiten oder berühmte Orte in Bayern — oder auf typische Redensarten.

Da kommen Könige vor wie die beiden Ludwigs, der Kaiser Franz, der Papst Benedikt und sogar so schillernde Persönlichkeiten wie der Räuber Kneißl oder der Bayerische Hias, also Wilderer und Räuber.

Aber die einfachen Leute mochten diese Spitzbuben, das waren bayerische Robin Hoods, imposante Menschen, die den Armen was gegeben und deshalb Respekt verdient haben.

Wenn Sie einem dieser Helden Ihr Gericht servieren dürften, wen würden Sie da nehmen?

Den Schmied von Kochel, das war ein starker Typ, das war ein Riesen-Kämpfer und der ist für sein Bayern gestorben.

Vorspeisen, Salate & Getränke

Anfang gut, alles gut

Beim Essen ist es wie in der Liebe. Nur eine gute Vorspeise macht auch Lust auf mehr. Gerade die bayerische Küche ist reich an Magentratzern (auf Hochdeutsch: Magenanregern) und Salaten. Was auch daher kommt, dass man in den meisten Biergärten sein Essen mitbringen darf. Aber nicht die Getränke, sonst gibt es Ärger mit dem Wirt.

Bayerischer Filetiermarsch vom Saibling

4 PERSONEN

FÜR DEN SAIBLING

je ½ TL schwarze Pfeffer,
Senf- und Korianderkörner
4 angedrückte Wacholderbeeren
je 2 Streifen unbehandelte
Zitronen- und Orangenschale
1 Bund Dill · ½ Bund Petersilie
1 EL Salz (15 g) · 1 TL Zucker (8 g)
5 Saiblingsfilets (à ca. 80 g)

FÜR DIE MEER-RETTICH-MOUSSE

3 Blatt Gelatine
200 ml warme Gemüsebrühe
100 g Sahne
2 EL Sahnemeerrettich
Salz · Pfeffer aus der Mühle
Zucker
1 Spritzer Zitronensaft
1 Msp. abgeriebene unbehandelte
Zitronenschale

FÜR DAS TATAR

1 ½ EL mildes Olivenöl
mildes Chilisalz · Zucker
1 TL abgeriebene unbehandelte
Limettenschale
1 Spritzer Limettensaft

AUSSERDEM

1–2 Handvoll gemischte Salat-
und Kräuterblätter (z. B. Basilikum, Castelfranco, Feldsalat,
Radicchio, Rote-Bete-Blätter,
Rucola)
1 Spritzer Zitronensaft
1–2 TL mildes Olivenöl
mildes Chilisalz

ZUBEREITUNG

1   Für den Saibling für die Beize die Pfeffer-, Senf- und Korianderkörner sowie Wacholderbeeren im Mörser grob zerstoßen. Die Zitrusschalen in dünne Streifen schneiden. Dill und Petersilie waschen, trocken tupfen, die Spitzen beziehungsweise Blätter abzupfen und grob hacken, dann mit Gewürzen und Zitrusschalen, Salz und Zucker mischen.

2   Die Saiblingsfilets waschen und trocken tupfen. Von 4 Filets vom breiten Ende her jeweils 1 etwa 12 cm langes Filet zum Beizen abschneiden. Die restlichen dünnen Endstücke und das übrige Filet für das Tatar kühl stellen. Die Saiblingsfilets mit der Beize rundum umhüllen, in Frischhaltefolie wickeln und etwa 1 ½ Stunden im Kühlschrank marinieren (bei dickeren Fischfilets verlängert sich die Beizzeit um bis zu 1 Stunde).

3   Für die Meerrettich-Mousse die Gelatine in kaltem Wasser einweichen, abtropfen lassen und in der warmen Brühe unter Rühren auflösen. Die Sahne cremig aufschlagen. Die Gelatinebrühe mit dem Meerrettich verrühren und mit einem Schneebesen auf Eiswasser (oder kaltem Wasser) so lange kalt rühren, bis die Masse zu gelieren beginnt. Die Sahne unterheben, alles mit Salz, Pfeffer, 1 Prise Zucker, Zitronensaft und -schale abschmecken. Die Mousse in vier Gläser (à ca. 120 ml Inhalt) füllen und im Kühlschrank 1 Stunde fest werden lassen.

4   Für das Tatar die kühl gestellten Saiblingsstücke erst in dünne Scheiben, dann in sehr kleine Würfel schneiden und in eine Schüssel geben. Mit Olivenöl mischen und mit Chilisalz, 1 Prise Zucker, Limettenschale und -saft würzen.

5   Zum Servieren die gebeizten Saiblingsfilets aus der Folie wickeln und die Beize vorsichtig entfernen. Trocken tupfen und in dünne Scheiben schneiden.

6   Die Salatblätter verlesen, waschen und trocken schleudern. Mit Zitronensaft, Olivenöl und Chilisalz würzen. Die Gläser mit der Meerrettich-Mousse auf Vorspeisenteller stellen. Das Tatar mithilfe eines Anrichterings danebensetzen. Die gebeizten Saiblingsfiletscheiben dazulegen und mit den Salatblättern garnieren.

Feierlicher Auftakt

Ob Könige, Ministerpräsidenten oder Wirte.
Wenn in Bayern wo einmarschiert wird, erklingt
der bayerische Defiliermarsch. Der Filetiermarsch
ist etwas für Fischliebhaber. Der ist auch ganz
schön zackig und gschmackig.

Oberammergauer Kartoffel-Bärlauch-Käs

4 PERSONEN

400 g vorwiegend festkochende
Kartoffeln
Salz
1 Zwiebel
2 EL Butter
je 1 EL Koriander- und schwarze
Pfefferkörner und 1 TL ganzer
Kümmel für die Gewürzmühle
200 g saure Sahne
4 EL braune Butter (siehe S. 64)
mildes Chilisalz
frisch geriebene Muskatnuss
1 Handvoll Bärlauchblätter

ZUBEREITUNG

1   Die Kartoffeln waschen und mit Schale in Salzwasser weich garen. Abgießen und kurz ausdampfen lassen. Die Kartoffeln möglichst heiß pellen und durch die Kartoffelpresse in eine Schüssel drücken.

2   Die Zwiebel schälen und in feine Würfel schneiden. Die Butter in einer Pfanne zerlassen und die Zwiebelwürfel darin bei milder Hitze gleichmäßig hell bräunen. Die Koriander- und Pfefferkörner und den Kümmel in eine Gewürzmühle füllen.

3   Die Zwiebel, die saure Sahne und die braune Butter zu den durchgedrückten Kartoffeln in die Schüssel geben und alles gut verrühren. Den Kartoffelkäs mit Chilisalz, Muskatnuss und der Mischung aus der Gewürzmühle würzen.

4   Den Bärlauch gründlich waschen und trocken tupfen. Die Stiele des Bärlauchs entfernen und die Blätter in feine Streifen schneiden. Zum Servieren den Bärlauch unter den Kartoffelkäs rühren. Der Aufstrich schmeckt am besten noch lauwarm auf dunklem Bauernbrot.

Obazda Monaco mit Tomaten

4 PERSONEN

300 g zimmerwarmer reifer Brie
120 g Frischkäse
(Doppelrahmstufe)
3 EL Sahne
2 EL geriebener Parmesan
1 EL mildes Olivenöl
40 g getr. Tomaten (in Öl)
2 EL Basilikumblätter
mildes Chilisalz
Pfeffer aus der Mühle

ZUBEREITUNG

1   Den Brie in kleine Stücke schneiden und mit Frischkäse und Sahne in einer Schüssel cremig verrühren. Den Parmesan und das Olivenöl unterrühren.

2   Die getrockneten Tomaten abtropfen lassen und in kleine Würfel schneiden. Das Basilikum waschen, trocken tupfen und fein hacken. Nach Belieben ½ bis 1 EL kleine Kapern abtropfen lassen.

3   Die Käsecreme mit Tomaten, Basilikum und nach Belieben mit den Kapern verrühren und mit Chilisalz und Pfeffer würzen. Dazu schmecken Brezen oder würziges Bauernbrot.

Geblätterte Lechtal-Forelle in grün-weißer Spargelsülze

ZUBEREITUNG

1 Beide Spargelsorten waschen, den weißen Spargel ganz, den grünen nur im unteren Drittel schälen. Von beiden Sorten die holzigen Enden entfernen, dabei die Schalen und Enden aufheben, und die Stangen schräg in 1 cm dicke Scheiben schneiden.

2 Die Brühe in einem Topf erhitzen und den Spargel darin etwa 5 Minuten leicht bissfest garen. In ein Sieb abgießen und abtropfen lassen, dabei die Brühe auffangen und zurück in den Topf gießen.

3 Die Brühe mit dem Ingwer einmal aufkochen, die Schalen und Abschnitte vom weißen Spargel hinzufügen und knapp unter dem Siedepunkt etwa 20 Minuten ziehen lassen. Dabei nach 10 Minuten Garzeit Knoblauch, 1 Prise Chili, Zitronenschale und den gewaschenen Estragon dazugeben. Den Sud durch ein Sieb abgießen und 400 ml abmessen, die Schalen und Abschnitte sowie die ganzen Gewürze wieder entfernen.

4 Die Gelatine in kaltem Wasser kurz einweichen. Die Gelatine ausdrücken und im warmen Sud unter Rühren auflösen. Mit Salz, Pfeffer, Essig und Zucker kräftig abschmecken. Auf Zimmertemperatur abkühlen lassen.

5 Inzwischen die Forellenfilets waschen, trocken tupfen und in dünne Scheiben schneiden. Die Fischstücke mit den Spargelstücken dekorativ in tiefe Teller verteilen. Den abgekühlten Gelatinesud vorsichtig darübergießen und die Sülzen im Kühlschrank mindestens 2 Stunden durchkühlen lassen, bis der Sud geliert.

6 Währenddessen die Wachteleier in kochendem Wasser etwa 3 Minuten garen, kalt abschrecken, pellen und halbieren. Die Kräuterblätter waschen und trocken tupfen. Die grün-weiße Sülze zum Servieren mit den Wachteleierhälften und den Kräutern garnieren.

4 PERSONEN

4 Stangen weißer Spargel
4 Stangen grüner Spargel
450 ml Gemüsebrühe (entfettet)
1 Scheibe Ingwer
1 Knoblauchzehe (in Scheiben)
mildes Chilipulver
1 Streifen unbehandelte
Zitronenschale
1 Estragonstiel
5 Blatt Gelatine
Salz · Pfeffer aus der Mühle
2−3 EL milder Weinessig
1 EL Zucker
2 Forellenfilets (à ca. 100 g)
4 Wachteleier
1 Handvoll kleine Kräuterblätter
(z. B. Basilikum, Dill, Kerbel,
Petersilie)

Ganserlleberknödel „Benedikt"

4 PERSONEN

FÜR DIE KNÖDEL

150 g Gänseleber
½ Zwiebel
250 g Toastbrot
1 Ei · 1 Eigelb
1 TL scharfer Senf
125 ml Milch
1 Msp. abgeriebene unbehandelte
Zitronenschale
1 EL Petersilienblätter
(frisch geschnitten)
getr. Majoran · Salz
frisch geriebene Muskatnuss
12 Wachteleier
doppelgriffiges Mehl (Wiener
Grießler) zum Wenden
1 Lorbeerblatt
1 Streifen unbehandelte
Zitronenschale

FÜR DEN WIRSING

½ Wirsing · Salz
2 Handvoll junger Spinat
¼ reife Birne
120 g Sahne
½–1 TL Speisestärke
1 EL Sahnemeerrettich
1 EL kalte Butter
1 Msp. geriebener Knoblauch
mildes Chilisalz
frisch geriebene Muskatnuss
1 TL Petersilienblätter
(frisch geschnitten)

ZUBEREITUNG

1   Für die Knödel die Leber putzen, waschen und durch die feine Scheibe des Fleischwolfs drehen. Die Zwiebel schälen, in feine Würfel schneiden und in einer Pfanne mit 100 ml Wasser weich garen, bis die Flüssigkeit eingekocht ist. Das Toastbrot entrinden, in ½ bis 1 cm große Würfel schneiden und in eine Schüssel geben. Ei und Eigelb mit dem Senf verquirlen. Die Milch in einem Topf erhitzen und vom Herd nehmen. Mit der Eiermischung verrühren und über die Brotwürfel gießen. Alles locker durchmischen und die durchgedrehte Leber, Zwiebelwürfel, Zitronenschale und Petersilie unterheben. Die Lebermasse mit 1 Prise Majoran, etwas Salz und Muskatnuss würzen.

2   Die Wachteleier in kochendem Wasser 2½ bis 3 Minuten garen. Kalt abschrecken und pellen. Etwas Mehl in einen tiefen Teller geben. Die Wachteleier im Mehl wenden, mit der Lebermasse umhüllen und mit angefeuchteten Händen zu Knödeln formen. In einem großen Topf reichlich Salzwasser aufkochen, Lorbeerblatt und Zitronenschale hinzufügen und die Knödel darin 8 Minuten mehr ziehen als kochen lassen. Die Knödel mit dem Schaumlöffel herausheben und auf Küchenpapier abtropfen lassen, warm halten. (Nach Belieben die Knödel frittieren. Dafür reichlich Fett in einer Fritteuse auf 160 °C erhitzen und die Knödel darin rundum gleichmäßig 5 Minuten bräunen.)

3   Wirsing putzen, in einzelne Blätter teilen und diese halbieren, dabei die Blattrippen entfernen. Wirsingblätter waschen und in kochendem Salzwasser etwa 4 Minuten bissfest garen. In ein Sieb abgießen, kalt abschrecken und abtropfen lassen. Das überschüssige Wasser ausdrücken. Wirsingblätter in etwa 2 cm große Stücke schneiden. Spinatblätter verlesen, waschen und trocken schleudern. Birne waschen, entkernen und in etwa ½ cm große Würfel schneiden.

4   Den Wirsing mit Sahne in einer Pfanne erhitzen. Speisestärke mit etwas kaltem Wasser glatt rühren, in die Sahne geben und köcheln lassen, bis diese sämig bindet. Meerrettich unterrühren, kalte Butter hinzufügen und alles mit Knoblauch, Chilisalz und 1 Prise Muskatnuss würzen. Petersilie und Spinat unterrühren. Zum Servieren den Wirsing auf vorgewärmten Tellern oder in Schalen anrichten und die Birnen darüberstreuen. Die Leberknödel darauf anrichten.

Römische Heimatküche

Im Vatikan gibt's alles. Fast! Einen bayerischen Leberknödel dürfte man kaum finden. Für den bayerischen Papst Benedikt, der ein Liebhaber der heimatlichen Küche ist, gäbe es hier zumindest schon mal das Rezept.

Radi-Rote-Bete-Salat „Sisi"

4 PERSONEN

FÜR DEN GEWÜRZ-SESAM

1 TL Fenchelkörner
1 TL weiße Sesamsamen
1 TL ganzer Kümmel
2 TL Puderzucker

FÜR DIE MARINADE

1 TL Speisestärke
2 ½ EL Balsamico bianco
3–4 EL Holunderblütensirup
1 TL Chilisalz
1 TL Zucker
2–3 EL mildes Olivenöl

FÜR DAS GEMÜSE

2 Rote Beten
(vorgegart und vakuumiert)
100 ml Gemüsebrühe
je 1 TL Öl und mildes Olivenöl
mildes Chilisalz
1 Karotte
½ Zucchini (längs halbiert)
150 g weißer Rettich

AUSSERDEM

1 Laugenstange
12 Scheiben Frühstücksspeck
je 4 Mini-Basilikum- und
Minzespitzen

ZUBEREITUNG

1   Für den karamellisierten Gewürzsesam Fenchel- und Sesamsamen sowie Kümmel in einer Pfanne bei milder Hitze erwärmen, mit etwas Puderzucker bestäuben und diesen unter Rühren schmelzen lassen. Noch weitere 2- bis 3-mal Puderzucker darüberstäuben und schmelzen lassen. Die Körner aus der Pfanne nehmen und abkühlen lassen. (Zum Aufbewahren sofort in ein gut schließbares Gefäß geben, damit der Gewürzsesam trocken bleibt.)

2   Für die Marinade die Speisestärke mit wenig kaltem Wasser glatt rühren. In einem Topf 120 ml Wasser aufkochen, die angerührte Speisestärke dazugeben und alles kurz köcheln lassen, bis es sämig bindet. Vom Herd nehmen, mit Essig, Holunderblütensirup, Chilisalz, Zucker und Olivenöl verrühren, warm halten.

3   Für das Gemüse die Roten Beten in schmale Spalten schneiden. In einem Topf mit 4 EL Brühe leicht erwärmen, vom Herd nehmen, mit Öl und Olivenöl beträufeln und mit Chilisalz würzen. Die Karotte putzen, schälen und schräg in ½ cm dicke Scheiben schneiden. Die Zucchini putzen, waschen und ebenfalls schräg in ½ cm dicke Scheiben schneiden. Den weißen Rettich schälen und in schmale Spalten schneiden.

4   Die Karottenscheiben mit der übrigen Brühe in einer Pfanne etwa 8 Minuten dünsten. Die Zucchinischeiben mit dem Rettich hinzufügen und noch etwa 2 Minuten mitdünsten. Das Gemüse abgießen und mit Chilisalz würzen, warm halten.

5   Für die Brezenchips den Backofen auf 150 °C vorheizen. Die Laugenstange in dünne, lange Scheiben schneiden, auf einem Backblech verteilen und im Ofen auf der mittleren Schiene etwa 10 Minuten trocknen. Herausnehmen und abkühlen lassen. Inzwischen die Speckscheiben nach und nach bei mittlerer Hitze in einer großen Pfanne ohne Fett auslassen, herausnehmen und auf Küchenpapier abtropfen lassen.

6   Zum Servieren die Kräuter waschen und trocken tupfen. Das Gemüse auf vorgewärmten Tellern oder in Schalen anrichten. Mit der Marinade beträufeln und mit dem karamellisierten Gewürzsesam bestreuen. Brezen- und Speckchips dazwischenstecken und mit den Kräutern garnieren.

Leichte Königsküche

Sie war 1,72 Meter groß — wog aber nur 45 Kilogramm. Kaiserin Sisi hat immer sehr auf die schlanke Linie geachtet. Mit dem Radi-Rote-Bete-Salat hätte die Sisi Diät gehalten — und geschmeckt hätte es auch noch.

Bayerischer Landeiersalat

4 PERSONEN

FÜR DAS DRESSING

50 ml Milch
10 g Dijon-Senf
Salz
½ fein geriebene Knoblauchzehe
½ TL fein geriebener Ingwer
70 ml Öl
2–3 EL Gemüsebrühe
1–2 TL Sahnemeerrettich
1–2 TL Weißweinessig
Zucker

FÜR DEN SALAT

8 Eier
4 Scheiben Frühstücksspeck
½ Kopfsalat

ZUBEREITUNG

1 Für das Dressing Milch, Senf, 1 Prise Salz, Knoblauch und Ingwer in einen hohen Rührbecher geben. Das Öl in einem dünnen Strahl dazugießen und dabei mit dem Stabmixer unterrühren. Zuletzt die Brühe und den Meerrettich untermischen und das Dressing mit Essig und 1 Prise Zucker abschmecken. Gegebenenfalls noch etwas nachwürzen.

2 Für den Salat die Eier in kochendem Wasser 10 Minuten hart garen. Kalt abschrecken, pellen und vierteln oder halbieren. Den Frühstücksspeck in einer großen Pfanne ohne Fett bei mittlerer Hitze auf jeder Seite langsam knusprig braten. Herausnehmen, auf Küchenpapier abtropfen lassen und in kleine Stücke brechen oder in Streifen schneiden.

3 Vom Kopfsalat die äußeren Blätter entfernen. Den Salat in die einzelnen Blätter teilen, waschen, trocken schleudern und in mundgerechte Stücke zupfen.

4 Zum Servieren den Kopfsalat auf tiefe Teller oder in Schalen verteilen und mit dem Dressing beträufeln. Die Eierviertel oder -hälften daraufsetzen, mit dem Speck garnieren und nach Belieben mit je 1 EL Gartenkresse oder anderen Kräutern bestreuen.

Tipp: Das Dressing hält sich gut verschlossen mehrere Tage im Kühlschrank und lässt sich beliebig variieren. Für ein Currydressing können Sie den Meerrettich durch 1 TL mildes Currypulver ersetzen. Sehr fein schmeckt auch ein Kräuterdressing, dafür 1 EL Pesto unter das Dressing rühren.

Marinierter Kohlrabi
mit bäuerlichem Bratkartoffelsalat

4 PERSONEN

FÜR DEN KOHLRABI

2 junge Kohlrabis (ca. 500 g)
125 ml Gemüsebrühe
(etwas mehr bei Bedarf)
1 EL Weißweinessig
1 EL Öl
mildes Chilisalz
Zucker

FÜR DEN BRAT-
KARTOFFELSALAT

500 g Mini-Kartoffeln
Salz
½ Bund grüner Spargel
(am besten dicke Stangen)
½ Zwiebel
150 g kleine Pfifferlinge
1–2 TL Puderzucker
80 ml Gemüsebrühe
2 EL Zitronensaft
1 TL Dijon-Senf
2 EL Öl
1 EL mildes Olivenöl
mildes Chilisalz
Zucker
gemahlener Kümmel
½ TL abgeriebene unbehandelte
Zitronenschale
1 EL Schnittlauchröllchen

ZUBEREITUNG

1 Die Kohlrabis putzen, schälen und die holzigen Teile entfernen. Die Kohlrabis in dünne Scheiben schneiden und mit der Brühe in einen Topf geben. Mit einem Blatt Backpapier bedecken und knapp unter dem Siedepunkt etwa 10 Minuten bissfest dünsten. In ein Sieb abgießen und die Brühe auffangen.

2 Für die Marinade 80 ml Kohlrabibrühe in einen hohen Rührbecher geben, dabei bei Bedarf mit zusätzlicher Brühe auffüllen. Essig und Öl hinzufügen, alles mit Chilisalz und 1 Prise Zucker würzen und mit dem Stabmixer verrühren. Die Kohlrabischeiben in der Marinade etwas ziehen lassen.

3 Inzwischen für den Bratkartoffelsalat die Kartoffeln waschen und mit Schale in Salzwasser weich garen. Abgießen, kurz ausdampfen und etwas abkühlen lassen, dann halbieren.

4 Den Spargel waschen, im unteren Drittel schälen und die holzigen Enden entfernen. Die Stangen schräg in etwa 1 cm breite Stücke schneiden. Die Zwiebel schälen, in feine Würfel schneiden und in einer Pfanne mit 100 ml Wasser weich garen, bis die Flüssigkeit eingekocht ist. Die Pfifferlinge gründlich putzen, falls nötig, waschen und trocken tupfen.

5 Den Puderzucker in einer Pfanne bei milder Hitze hell karamellisieren und den Spargel darin andünsten. Die Brühe dazugießen und den Spargel mit geschlossenem Deckel 5 bis 6 Minuten gerade weich dünsten, dabei ab und zu umrühren. Den Sud in einen hohen Rührbecher gießen und Zitronensaft und Senf hinzufügen, den Spargel beiseitestellen. 1 EL Öl und das Olivenöl mit dem Stabmixer unter den Sud rühren, dann die Zwiebelwürfel dazugeben und die Marinade mit Chilisalz und 1 Prise Zucker würzen.

6 Die Kartoffeln mit der Schnittseite nach unten in einer Pfanne im übrigen Öl bei mittlerer Hitze anbraten, wenden und auf der anderen Seite anbraten. Nach 1 bis 2 Minuten die Pfifferlinge hinzufügen. Mit Salz, Pfeffer, Kümmel und Zitronenschale würzen. Den Spargel untermischen und den Salat nochmals abschmecken. Zum Servieren die Marinade unterrühren.

7 Die Kohlrabischeiben aus der Marinade nehmen und überlappend auf Tellern anrichten. Den Bratkartoffelsalat daraufsetzen und mit Schnittlauch bestreuen.

Weißwurstsalat „Schöne Münchnerin"

ZUBEREITUNG

1 Für die Marinade 150 ml Wasser mit den beiden Senfsorten, Essig und 2 EL Öl in einen hohen Rührbecher geben. Alles mit dem Stabmixer verrühren und mit Chilisalz kräftig würzen.

2 Die Zwiebel schälen und in feine Würfel schneiden. Die Weißwürste häuten und in 3 bis 4 mm dicke Scheiben schneiden. Eine Pfanne bei mittlerer Temperatur erhitzen, das übrige Öl mit einem Pinsel darin verstreichen und die Wurstscheiben auf jeder Seite kurz anbraten. Die Marinade hinzufügen und untermischen, alles etwas ziehen lassen und nach Belieben nochmals nachwürzen.

3 Inzwischen die Breze in Scheiben schneiden und in einer Pfanne in der braunen Butter etwas anrösten, herausnehmen und beiseitestellen. Alle Salatsorten gründlich putzen (den Feldsalat verlesen), waschen und trocken schleudern, bei Bedarf in mundgerechte Stücke zupfen. Die Radieschen putzen und waschen. Die Cornichons in Scheiben schneiden.

4 Zum Servieren die Salatblätter auf tiefe Teller verteilen. Den Weißwurstsalat etwas abtropfen lassen und auf den Blättern verteilen. Die Brezenchips darüberstreuen, die Radieschen darüberhobeln und die Cornichons daraufsetzen. Den Salat nochmals mit etwas Marinade beträufeln und mit Schnittlauch bestreuen.

4 PERSONEN

1 EL Dijon-Senf
1 EL süßer Senf
2–3 EL Weißweinessig
2 ½ EL Öl
mildes Chilisalz
½ rote Zwiebel
8 Weißwürste
1 Laugenbreze
1 EL braune Butter (siehe S. 64)
1 Mini-Romana-Salat
1 Handvoll Mini-Feldsalat
1 Handvoll Castelfranco-Salat
2 Radieschen
2 Cornichons
1 EL Schnittlauchröllchen

Das gewisse Etwas

32 Damen hat König Ludwig für seine Schönheitengalerie auf Schloss Nymphenburg porträtieren lassen. Da waren Baronessen darunter, aber auch Bürgerliche. Neben ihrer Anmut hatten sie alle noch etwas anderes gemeinsam. An einer schönen Münchnerin ist was dran, sonst ist sie keine schöne Münchnerin. Für alle Damen, die gern was Deftiges essen, aber trotzdem auf die Figur achten wollen: Weißwurstsalat „Schöne Münchnerin".

Die schöne Münchnerin Lola Montez → Seite 19 und 84

Was haben der amerikanische Ex-Präsident Clinton, Schauspieler Schwarzenegger und Tennisstar Becker mit König Ludwig I. gemeinsam? Richtig, sie alle hatten Seitensprünge und sie alle ließen sich dabei auch noch erwischen. Nur der Preis, den sie dafür zahlen mussten, war recht unterschiedlich. Am kostspieligsten kam dem bayerischen Kini (60) seine Liebelei mit der angeblich aus Spanien stammenden, aber in Irland geborenen Tänzerin Lola Montez (25). Sie kostete ihn den Thron und umgerechnet rund zwölf Millionen Euro Apanage, die sie Zigarre rauchend verprasste. Die bayerischen Untertanen redeten zwar über „die Montez – das Miestviech", gingen aber erst dann auf die Straße, als sie sich in die Politik einmischte und Ludwig in der Folge sogar die Universität zusperren ließ.

Die „schöne Münchnerin" Lola Montez wurde geboren als Maria Dolores Elisa Gilbert.

MIT LUDWIG ÜBER DEN BODENSEE ABGEDAMPFT

Die Montez flüchtete passenderweise mit dem Dampfer „Ludwig" über den Bodensee in die Schweiz. Als eine der vielen schönen Münchnerinnen hängt sie heute noch in der Schönheitengalerie in Schloss Nymphenburg. Dass der Leibkoch seinen liebeskranken König mit einer gefüllten Spanferkelbrust „Lola Montez" trösten wollte, gehört dabei eindeutig in das Reich der Sagen. Aber es hätte gut sein können, so bizarr diese Geschichte insgesamt ist.

Gewürz-Radlermaß & Isarwasser

Radlermaß

CA. 1 L

½ l Zitronenlimonade
2 EL Holunderblütensirup
2–3 Minzestiele
5 Scheiben Ingwer
½ l helles Bier
1 unbehandelte Zitronenscheibe

ZUBEREITUNG

1   Die Zitronenlimonade und den Holunderblütensirup in einen großen Krug oder ein Maß-Bierglas (1 l Inhalt) geben. Die Minzestiele waschen und mit dem Ingwer hinzufügen.

2   Zuletzt alles mit dem hellen Bier auffüllen. Die Zitronenscheibe und nach Belieben ¼ frische rote Chilischote (ohne Kerne) dazugeben. Alles kurz ziehen lassen, dann die Radlermaß servieren. Alternativ auf vier Gläser (à ca. ¼ l Inhalt) verteilen und sofort servieren.

Isarwasser

4 PERSONEN

FÜR DEN SIRUP

50 g Zucker
10 Scheiben Ingwer
5 angedrückte Kardamomkapseln
3 cm Vanilleschote
1 kleine getr. rote Chilischote
Schalenstreifen von je ½ unbehandelten Zitrone und Limette
150 ml frisch gepresster Zitronensaft

AUSSERDEM

1 Handvoll Beeren
(z. B. Brom-, Erd-, Heidel-, Him- oder Johannisbeeren)
4 Minzespitzen
4 unbehandelte Zitronenscheiben
1 Flasche gekühltes Mineralwasser mit Kohlensäure (¾ l)

ZUBEREITUNG

1   Für den Sirup in einem kleinen Topf 100 ml Wasser mit dem Zucker verrühren, aufkochen und so lange köcheln lassen, bis sich der Zucker aufgelöst hat. Vom Herd nehmen, Ingwer mit Kardamom, Vanille, Chili, Zitronen- und Limettenstreifen dazugeben, alles durchziehen und vollständig abkühlen lassen. Danach durch ein Sieb gießen und mit dem Zitronensaft verrühren.

2   Zum Servieren nach Belieben einen Zuckerrand herstellen: Dafür 3 EL Zucker auf einen flachen Teller geben. Die Ränder von vier Gläsern erst einige Millimeter tief in den Sirup und dann in den Zucker tauchen. Die Beeren verlesen, waschen und trocken tupfen, die Erdbeeren etwas zerkleinern. Die Minze waschen und trocken tupfen.

3   Den Sirup mit Zitronenscheiben, Beeren und Minzespitzen auf die Gläser verteilen. Nach Belieben jeweils einige Eiswürfel dazugeben, dann jedes Glas mit Mineralwasser aufgießen.

Bayerisches Lebensgefühl

Für Münchner ist die Isar mehr als ein Fluß. Sie ist ein Lebensgefühl. In der Isar schwimmt man, an der Isar liegt man nackert oder radelt oder flaniert, und bis sich der Münchner Sorgen macht, da fließt viel Wasser die Isar hinunter. So frisch wie die Isar schmecken das Isarwasser und ihre Schwester, die Radlermaß, sowieso.

Grüner Smoothie
& roter FC-Bayern-Smoothie

Grüner Smoothie

4 PERSONEN

2 grünschalige Äpfel (ca. 300 g)
1 Stange Staudensellerie
(ca. 50 g)
25 g junger Spinat · 1 Banane
½ l Schuhbecks Ingwerwasser
2 EL Schuhbecks Power-Öl
Sanddorn (ersatzweise Leinöl)
50 g Ahornsirup
½–1 TL Schuhbecks Frühstücksquarkgewürz (siehe unten)
1 Spritzer Zitronensaft

ZUBEREITUNG

1 Die Äpfel waschen, vierteln und entkernen. Die Viertel in kleine Stücke schneiden. Die Selleriestange putzen, waschen und klein schneiden. Den Spinat verlesen, waschen und trocken tupfen. Die Banane schälen und grob zerkleinern.

2 Äpfel, Sellerie, Spinat und Banane in einen hohen Rührbecher geben, mit dem Ingwerwasser auffüllen und Power-Öl, Ahornsirup, Frühstücksquarkgewürz und Zitronensaft hinzufügen. Das Ganze mit dem Stabmixer zu einem cremigen Smoothie pürieren und in vier hohe Gläser verteilen. Sofort servieren.

Roter FC-Bayern-Smoothie

4 PERSONEN

200 g Rote Bete
(vorgegart und vakuumiert)
2 reife Birnen
(ca. 400 g; ersatzweise
4 Birnenhälften aus der Dose)
½ Banane
200 g Erdbeermark (siehe Tipp)
½ l Schuhbecks Ingwerwasser
(ersatzweise Wasser mit
5 Scheiben Ingwer aromatisiert)
1 TL Schuhbecks Frühstücksquarkgewürz (ersatzweise
½ TL Zimtpulver, je 1 Msp.
gemahlene Kurkuma und Vanillemark sowie etwas Pfeffer aus
der Mühle)
milde Chiliflocken · 1 EL Leinöl

ZUBEREITUNG

1 Die Rote Bete grob in Stücke schneiden. Die Birnen waschen, vierteln und das Kerngehäuse entfernen. Dann die Birnenviertel ebenfalls grob in Stücke schneiden. Die Banane schälen und grob zerkleinern.

2 Rote Bete, Birnen, Banane und Erdbeermark in einen hohen Rührbecher geben. Das Ingwerwasser dazugießen, Frühstücksquarkgewürz, 1 Prise Chili-flocken und Leinöl hinzufügen und alles mit dem Stabmixer feinsämig pürieren. In vier hohe Gläser füllen und sofort servieren.

Tipp: Anstelle des Erdbeermarks können Sie auch frische Erdbeeren für den roten Smoothie verwenden: einfach 250 g Erdbeeren putzen, waschen und vierteln. Dann mit den restlichen Früchten fein pürieren.

Gemüse- und Kartoffelchips „A bissl was geht immer" mit Salsa

ZUBEREITUNG

1 Für die Chips das Wurzelgemüse putzen, schälen und auf der Gemüsereibe längs oder schräg in 1 bis 2 mm dünne Scheiben hobeln. Die Kartoffeln schälen, waschen und ebenfalls auf der Gemüsereibe längs oder schräg in 1 bis 2 mm dünne Scheiben hobeln. Die Kartoffelscheiben in kaltem Wasser waschen und gut trocken tupfen.

2 Für die Salsa die Avocado längs halbieren und den Stein entfernen. Die Avocadohälften schälen, in 1 cm große Würfel schneiden und sofort mit Limettensaft beträufeln. Die Zwiebel schälen und in feine Würfel schneiden. Die Tomaten waschen und in kleine Würfel schneiden, dabei Stielansätze und Kerne entfernen. Die Chili längs halbieren, entkernen, waschen und in kleine Würfel schneiden. Avocado, Zwiebel, Tomaten, Chili, Knoblauch und Olivenöl mischen und die Salsa mit Salz und Pfeffer würzen.

3 Zum Frittieren reichlich Fett in einer Fritteuse oder einem großen Topf auf 130 °C erhitzen. (Durch die niedrige Temperatur bleiben die Farben der Gemüsesorten und auch der blauen Kartoffeln besser erhalten. Für gewöhnliche Kartoffelchips kann die Temperatur nach Belieben auf 160 bis 170 °C erhöht werden.)

4 Die Gemüse- und Kartoffelscheiben im Öl nach und nach ausbacken, bis sich die Ränder zu wellen beginnen und sie sich auf dem Schaumlöffel leicht und kross anfühlen. Die Gemüse- und Kartoffelchips mit dem Schaumlöffel herausheben und auf Küchenpapier abtropfen lassen, mit Chilisalz würzen und möglichst sofort servieren. Die Avocado-Salsa zum Dippen dazu reichen.

4 PERSONEN

FÜR DIE CHIPS

800 g Wurzelgemüse
(z. B. gelbe und orange Karotten, junger Knollensellerie, Pastinaken, Petersilienwurzeln, Rote Beten, Topinambur)
800 g Kartoffeln
(z. B. blaue Kartoffeln, Süßkartoffeln, vorwiegend festkochende Speisekartoffeln)
Fett zum Frittieren
mildes Chilisalz

FÜR DIE SALSA

1 reife, feste Avocado
1 EL Limettensaft
½ kleine rote Zwiebel
3 vollreife Tomaten
1 scharfe rote Chilischote
1 fein geriebene Knoblauchzehe
2 EL mildes Olivenöl
Salz · Pfeffer aus der Mühle

Tipp: Das Waschen ist besonders bei einer größeren Menge Kartoffelchips wichtig, damit sich die Kartoffelscheiben nicht verfärben und das Fett länger frisch bleibt beziehungsweise nicht so schnell verschmutzt.

Suppen, kleine Gerichte & Nudeln

Der erste Höhepunkt

Wer ein gstandener Bayer ist, der löffelt seine Suppe immer selber aus. Vor allem kulinarisch. Eine weiß-blaue Speisekarte ohne Suppe ist wie Oktober ohne Fest und der Chiem ohne See. Und dann erst die vielen kleinen Gerichte wie Fleischpflanzerl oder Maultaschen… Beim bayerischen Essen kommt der Höhepunkt oft schon vor dem Höhepunkt.

Landshuter Hochzeitssuppe

4 PERSONEN

FÜR DIE TAFELSPITZ-BRÜHE

800 g Tafelspitz · Salz
1 Tomate
3 braunschalige Zwiebeln
120 g Knollensellerie
1 Karotte
1 Petersilienwurzel oder
Pastinake
1 Lorbeerblatt
1 TL schwarze Pfefferkörner
3 angedrückte Wacholderbeeren
1–2 Petersilienstiele
(ohne Blätter)
1 Scheibe Ingwer
½ Knoblauchzehe
gemahlene Kurkuma

FÜR DIE BRÄTSTRUDEL

35 g Mehl · Salz
frisch geriebene Muskatnuss
175 ml Milch · 1 Ei
1–2 EL lauwarme flüssige Butter
Butter zum Ausbacken
150 g grobes Schweinswürstel-
brät (vom Metzger)
1 TL Schnittlauchröllchen
mildes Chilisalz

ZUBEREITUNG

1 Für die Tafelspitzbrühe in einem Topf 3 l Wasser aufkochen, das Fleisch hineinlegen (es sollte gut bedeckt sein) und 1 TL Salz dazugeben. Knapp unter dem Siedepunkt 3 Stunden mehr ziehen als köcheln lassen, dabei den aufsteigenden Schaum immer wieder mit dem Schaumlöffel abnehmen.

2 Inzwischen die Tomate waschen und vierteln, dabei Stielansatz und Kerne entfernen. 2 Zwiebeln schälen und vierteln, die restliche Zwiebel ungeschält halbieren. Sellerie, Karotte und Petersilienwurzel oder Pastinake putzen und schälen. Zwiebeln und Wurzelgemüse nach 2 Stunden zur Brühe geben. Nach weiteren 30 Minuten Lorbeerblatt, Pfefferkörner und Wacholder dazugeben.

3 Am Ende der Garzeit Petersilienstiele waschen und mit Ingwer, Knoblauch und 1 Prise Kurkuma hinzufügen und 3 bis 4 Minuten ziehen lassen. Fleisch und Gemüse mit dem Schaumlöffel herausnehmen. Vom Fleisch den Fettrand entfernen und quer zur Faser 4 Scheiben abschneiden (den Rest anderweitig verwenden). Die Brühe durch ein Sieb in einen Topf gießen, Zwiebeln und Gemüse entfernen und die Brühe mit Salz abschmecken, mit dem Fleisch warm halten.

4 Für die Brätstrudel das Mehl mit 1 Prise Salz und etwas Muskatnuss in eine Schüssel geben. Mit 100 ml Milch glatt rühren, nacheinander das Ei und die flüssige Butter hinzufügen. Den Teig mindestens 20 Minuten ruhen lassen. Anschließend in einer kleinen Pfanne (20 cm Durchmesser) etwas Butter zerlassen und aus dem Teig darin portionsweise bei milder Hitze 4 dünne Pfannkuchen backen, herausnehmen und abkühlen lassen.

5 Für die Füllung das Brät mit den übrigen 75 ml Milch glatt rühren. Den Schnittlauch untermischen und die Masse mit Chilisalz würzen. Die Pfannkuchen jeweils dünn mit einem Viertel der Brätmischung bestreichen und aufrollen. In Frischhaltefolie wickeln und in einem Topf in 90 °C heißem Wasser 10 bis 15 Minuten ziehen lassen. Dann herausnehmen, die Brätstrudel aus der Folie wickeln und schräg in 2 cm lange Stücke schneiden. (Fortsetzung nächste Seite)

Großes Spektakel

Die berühmte Landshuter Hochzeit hat anno 1475 stattgefunden. Das war eine Pracht, schließlich hat ja auch Georg der Reiche geheiratet. Alle vier Jahre wird die Landshuter Hochzeit mit über 2000 Mitwirkenden nachgespielt. Die Landshuter Hochzeitssuppe darf ruhig öfter serviert werden.

> FORTSETZUNG Landshuter Hochzeitssuppe

FÜR DIE SAFRAN-GRIESSNOCKERL

einige Safranfäden
175 ml heiße Gemüsebrühe
175 ml Milch
120 g Hartweizengrieß
frisch geriebene Muskatnuss
½ fein geriebene Knoblauchzehe
Salz · 1 Ei · 1 Eigelb
50 g braune Butter (siehe S. 64)

FÜR DEN KOCHSUD

Salz
1 kleine getr. rote Chilischote
1 angedrückte Kardamomkapsel
1 Knoblauchzehe (in Scheiben)
2 Scheiben Ingwer
1 Zacken Sternanis
1 Lorbeerblatt

AUSSERDEM

½ Karotte
2 dünne Scheiben Knollensellerie
⅛ Lauchstange
2 Liebstöckelblätter
frisch geriebene Muskatnuss
1 EL Schnittlauchröllchen

6   Für die Safrangrießnockerl die Safranfäden in einer kleinen Schüssel mit 2 EL heißer Brühe aufgießen und 5 bis 10 Minuten ziehen lassen. Die übrige Brühe mit der Milch in einem Topf aufkochen. Den Grieß unterrühren, den eingeweichten Safran hinzufügen und alles mit etwas Muskatnuss, Knoblauch und Salz würzen. Die Grießmasse bei schwacher Hitze unter Rühren einige Minuten köcheln lassen, dann vom Herd nehmen und etwas abkühlen lassen.

7   Anschließend das Ei und das Eigelb verquirlen, unter die Grießmasse rühren und diese zuletzt mit der braunen Butter abschmecken. Mit zwei angefeuchteten Teelöffeln Nockerl aus der Grießmasse formen und bis zur Weiterverarbeitung zugedeckt im Kühlschrank aufbewahren.

8   Zum Servieren einen Kochsud aus 2 l Salzwasser mit Chili, Kardamom, Knoblauch, Ingwer, Sternanis und Lorbeerblatt herstellen und die Nockerl darin etwa 8 Minuten sieden lassen. Mit dem Schaumlöffel herausnehmen und abtropfen lassen.

9   Währenddessen die Karotte und den Sellerie putzen und schälen, den Lauch putzen und gründlich waschen, dann alles in etwa 5 cm lange, feine Streifen schneiden. Das Gemüse zum Servieren in etwas Tafelspitzbrühe etwa 2 Minuten bissfest köcheln.

10   Zum Servieren etwa 1 l Brühe erhitzen. Die Liebstöckelblätter waschen und kurz in der Brühe ziehen lassen, wieder entfernen. Je 1 Scheibe Tafelspitz in vorgewärmten tiefen Tellern anrichten und etwas Muskatnuss darüberreiben. Die Gemüsestreifen darauf verteilen, Grießnockerl und Brätstrudelstücke hineinlegen, die Brühe darübergießen und mit Schnittlauch bestreuen.

Tipp: Von der Tafelspitzbrühe bleibt noch ein Teil übrig. Sie können diesen Rest einfach für andere Suppen aufbewahren. Am besten hält sich die Brühe, wenn Sie sie sofort einfrieren — dazu in ein großes Glas füllen und oben noch einige Zentimeter frei lassen, weil sich die Brühe beim Gefrieren nach oben ausdehnt.

Gebratene Speckalm-Knödel in Hendlsuppe

ZUBEREITUNG

1 Für die Hendlsuppe die Hähnchenkeulen waschen und trocken tupfen. Die Brühe in einem großen Topf aufkochen und die Keulen darin knapp unter dem Siedepunkt etwa 1¼ Stunden gar ziehen lassen. Dabei den aufsteigenden Schaum immer wieder mit dem Schaumlöffel abnehmen.

2 Inzwischen den Sellerie putzen, waschen und vierteln. Karotte und Petersilienwurzel putzen, schälen und längs halbieren. Die Zwiebel mit Schale vierteln, den Lauch putzen und gründlich waschen. Das vorbereitete Gemüse, die getrockneten Champignons, Lorbeerblatt sowie Pfeffer- und Pimentkörner nach etwa 45 Minuten Garzeit zu den Keulen in die Brühe geben. Nach 1 Stunde Knoblauch, Ingwer und Zitronenschale hinzufügen.

3 Während die Hendlsuppe gart, für die Speckknödel die Brötchen in dünne Scheiben schneiden und in eine Schüssel geben. Den Speck in kleine Würfel schneiden und in einer Pfanne ohne Fett bei milder Hitze braten, bis das Fett ausgetreten ist. In ein Sieb abgießen und abtropfen lassen. Die Zwiebel schälen, in feine Würfel schneiden und in einer Pfanne mit 100 ml Wasser weich garen, bis die Flüssigkeit eingekocht ist. Speck, Zwiebel und Petersilie zu den Brötchen geben.

4 Die Eier in eine Schüssel aufschlagen. Die Milch einmal aufkochen, vom Herd nehmen und in die Eier rühren. Die Eiermilch mit Salz, Pfeffer und Muskatnuss würzen und über die Speck-Brötchen-Mischung gießen. Alles zugedeckt einige Minuten ziehen lassen, dann zu einer glatten Masse verkneten. Aus der Knödelmasse mit angefeuchteten Händen 12 Pflanzerl formen. Zum Servieren eine große Pfanne mit 1 bis 2 TL Öl bei mittlerer Temperatur erhitzen und die Knödel darin auf jeder Seite goldbraun anbraten. Herausnehmen und in der Brühe bei milder Hitze noch 5 bis 10 Minuten ziehen lassen.

5 Die Hähnchenkeulen aus der Brühe nehmen, kurz abkühlen lassen und häuten. Das Fleisch von den Knochen lösen und in kleine Stücke schneiden. Die Brühe durch ein feines Sieb, das mit einem Passier- oder Küchentuch ausgelegt ist, in einen Topf gießen und mit Salz würzen, warm halten. Sellerie, Karotte und Petersilienwurzel aus dem Sieb nehmen, klein schneiden und mit dem Hähnchenfleisch in die Brühe geben. Restliches Gemüse und Gewürze entfernen.

6 Zum Servieren jeweils ein wenig Muskatnuss in vorgewärmte tiefe Teller reiben und das zerkleinerte Suppengemüse und das Hähnchenfleisch darauf verteilen. Mit der heißen Brühe auffüllen und jeweils 3 Knödel hineinsetzen. Mit Sherry beträufeln und mit Schnittlauchröllchen bestreuen.

4 PERSONEN

FÜR DIE HENDLSUPPE

2 Hähnchenkeulen (à ca. 250 g)
2 l Gemüsebrühe
2 Stangen Staudensellerie
½ Karotte
1 kleine Petersilienwurzel
1 braunschalige Zwiebel
½ dünne Stange Lauch
1 EL getr. Champignons
1 Lorbeerblatt
1 TL schwarze Pfefferkörner
4 Pimentkörner
1 Knoblauchzehe (in Scheiben)
2 Scheiben Ingwer
1 Streifen unbehandelte Zitronenschale · Salz
frisch geriebene Muskatnuss
1–2 TL Sherry (medium dry)
1 EL Schnittlauchröllchen

FÜR DIE SPECK-KNÖDEL (12 STÜCK)

200 g altbackene Brötchen (vom Vortag; ersatzweise Weißbrot)
100 g durchwachsener Räucherspeck (am Stück)
½ kleine Zwiebel
1 EL Petersilienblätter (frisch geschnitten)
2 Eier · 140 ml Milch
Salz · Pfeffer aus der Mühle
frisch geriebene Muskatnuss
Öl zum Braten

Fränkische Fastnachtssuppe

4 PERSONEN

FÜR DIE KARTOFFEL-SUPPE

2 mehligkochende Kartoffeln
(ca. 250 g) · Salz
½ Zwiebel · 50 g Knollensellerie
1 kleine Karotte
¾ l Hühnerbrühe
1 Lorbeerblatt
1 kleine getr. rote Chilischote
150 g Sahne
1 kleine fein geriebene
Knoblauchzehe
1 Msp. fein geriebener Ingwer
milde Chiliflocken
gemahlener Kümmel
getr. Majoran
frisch geriebene Muskatnuss
Pfeffer aus der Mühle

FÜR DAS WEISS-KRAUT

je ½ TL schwarze Pfeffer-,
Koriander-, Fenchelkörner und
ganzer Kümmel
250 g junger Weißkohl
1 EL braune Butter (siehe S. 64)
mildes Chilisalz
1–2 TL Petersilienblätter
(frisch geschnitten)

FÜR DIE BRATWÜRSTE

1 TL Öl · 2 Fränkische Bratwürstel
(à ca. 100 g)

ZUBEREITUNG

1   Für die Kartoffelsuppe die Kartoffeln schälen, waschen und in kleine Würfel schneiden. In einem Topf ausreichend Salzwasser mit den Kartoffelwürfeln erhitzen und diese knapp unter dem Siedepunkt etwa 20 Minuten gar ziehen lassen. Dann in ein Sieb abgießen und abtropfen lassen.

2   Zwiebelhälfte, Sellerie und Karotte putzen, schälen und in 5 bis 7 mm große Würfel schneiden. Die Brühe in einem Topf aufkochen und die Gemüsewürfel mit Lorbeerblatt und Chili darin knapp unter dem Siedepunkt etwa 20 Minuten weich garen lassen. Danach Lorbeer und Chili wieder entfernen.

3   Die Kartoffelwürfel mit der Sahne zum Brüheansatz hinzufügen und alles mit dem Stabmixer fein pürieren. Die Suppe mit Knoblauch, Ingwer, je 1 Prise Chiliflocken, Kümmel, Majoran und Muskatnuss sowie Salz und Pfeffer würzen. Dann bis zum Servieren warm halten.

4   Für das Weißkraut die Gewürze in eine Mühle füllen. Vom Weißkohl die äußeren Blätter entfernen, das Kraut in feine Streifen hobeln und den übrigen Strunk entfernen. Eine große Pfanne bei mittlerer Temperatur erhitzen, die braune Butter darin verteilen und die Krautstreifen leicht andünsten. Mit Chilisalz und den Gewürzen aus der Mühle würzen, zuletzt die Petersilie unterrühren, warm halten.

5   Für die Bratwürste eine Pfanne bei mittlerer Temperatur erhitzen, das Öl mit einem Pinsel darin verstreichen und die Würstel darin auf jeder Seite einige Minuten braten. Zum Servieren in Scheiben oder beliebig große Stücke schneiden.

6   Die Suppe auf vorgewärmte tiefe Teller oder Schalen verteilen, das Weißkraut darin mittig anrichten und die Wurststücke darauflegen. Nach Belieben mit frischem Majoran garnieren.

Narrisch gut

Nicht nur für die Narren. Diese Fastnachtssuppe ist die Grundlage für jede Faschingsgaudi – ob Maskenball oder Prunksitzung. Und weil den besten Fasching in Bayern die Franken ausrichten, kommen die berühmten Bratwerschtla (Bratwürste) hinein.

10-Minuten-Terrine „Edmund"

4 PERSONEN

FÜR DAS PETERSILIEN-LIEBSTÖCKEL-PESTO

50 g junger Spinat
50 g Petersilie
(Blätter und feine Stiele)
3 Liebstöckelblätter · Salz
1 EL Mandelblättchen
½–1 kleine Knoblauchzehe
(in Scheiben oder fein gerieben)
1 EL geriebener Bergkäse
oder Parmesan
4 EL Gemüsebrühe
4 EL Öl · 4 EL mildes Olivenöl
mildes Chilisalz

FÜR DIE TERRINE

¼ dünne Stange Lauch
je ½ gelbe und orange Karotte
50 g Knollensellerie
1,2 l Hühnerbrühe
50 g Suppennudeln
250 g Hähnchenbrustfilet
1–2 Msp. fein geriebener Ingwer
mildes Chilisalz

AUSSERDEM

50 g kleine, feste Champignons
frisch geriebene Muskatnuss

ZUBEREITUNG

1 Für das Pesto den Spinat verlesen und mit Petersilie und Liebstöckel waschen. Spinat und Kräuter in kochendem Salzwasser 10 bis 15 Sekunden blanchieren. In ein Sieb abgießen, kalt abschrecken und gut abtropfen lassen. Mit den Händen das restliche Wasser ausdrücken und die Blätter klein schneiden.

2 Inzwischen die Mandelblättchen in einer Pfanne ohne Fett leicht rösten, herausnehmen und kurz abkühlen lassen. Spinat und Kräuter mit Mandelblättchen, Knoblauch, Käse, Brühe, Öl und Olivenöl in den Blitzhacker geben. Alles mit Chilisalz würzen und zu einer feinkörnigen Paste pürieren.

3 Für die Terrine den Lauch längs halbieren, putzen, waschen und in etwa 3 cm lange, feine Streifen schneiden. Karotten und Sellerie putzen, schälen und ebenfalls in etwa 3 cm lange feine Streifen hobeln oder schneiden. Die Brühe in einem Topf erhitzen und die Gemüsestreifen und die Suppennudeln darin knapp unter dem Siedepunkt etwa 5 Minuten ziehen lassen.

4 Inzwischen das Hähnchenbrustfilet waschen, trocken tupfen und in ½ bis 1 cm dicke Scheiben schneiden. Die Hähnchenscheiben in der Suppe offen knapp unter dem Siedepunkt noch etwa 2 Minuten mitziehen lassen. Zuletzt die Suppe mit Ingwer und Chilisalz würzen.

5 Zum Servieren die Pilze putzen und trocken abreiben. Jeweils etwas Muskatnuss in vorgewärmte tiefe Teller oder Schalen reiben und die Suppe darauf verteilen. Jeden Teller mit etwas Pesto beträufeln und die Champignons auf der Gemüsereibe dünn darüberhobeln.

„In zehn Minuten …"
So startete die legendäre Rede, in der Bayerns damaliger Ministerpräsident Edmund Stoiber leidenschaftlich für den Transrapid kämpfte und sich im Sprachdickicht verheddete. Der Transrapid fährt heute noch nicht in zehn Minuten vom Hauptbahnhof zum Flughafen. Die 10-Minuten-Terrine „Edmund" hingegen ist wirklich in zehn Minuten fertig. Fast zumindest.

Saure Zipfel „Weiß-blau"

4 PERSONEN

2 Zwiebeln
3 angedrückte Wacholderbeeren
5 Pimentkörner
½ TL schwarze Pfefferkörner
14 Nürnberger Rostbratwürstel
1 TL Puderzucker
½ l Hühnerbrühe
1 kleines Lorbeerblatt
1 Knoblauchzehe (in Scheiben)
1 EL Weißweinessig
1 Spritzer Weißwein
Salz · Zucker · getr. Majoran
milde Chiliflocken
frisch geriebene Muskatnuss
30 g kalte Butter

AUSSERDEM

1 EL Schnittlauchröllchen
einige essbare blaue Blüten
(z. B. Kornblumen-, Borretsch-
oder Hornveilchenblüten)
4 Sauerkleeblätter zum Garnieren

ZUBEREITUNG

1   Die Zwiebeln schälen und in 1 ½ cm große Blätter schneiden. Die Wacholderbeeren, Piment- und Pfefferkörner in einen Einwegteebeutel füllen und das Säckchen verschließen. Die Rostbratwürstel schräg in 1 cm breite Stücke schneiden.

2   Den Puderzucker in einem Topf bei milder Hitze hell karamellisieren, die
Zwiebeln hinzufügen und darin andünsten. Die Brühe mit Lorbeerblatt, Gewürzsäckchen und Knoblauch dazugeben und die Zwiebeln knapp unter dem Siedepunkt etwa 10 Minuten ziehen lassen. Dann die Wurstscheiben dazugeben und
im Sud kurz erhitzen, jedoch nicht kochen lassen.

3   Den Sud mit Essig, Wein, Salz sowie je 1 Prise Zucker, Majoran, Chiliflocken
und Muskatnuss würzen. Das Gewürzsäckchen und die ganzen Gewürze wieder
entfernen. Den Sud durch ein Sieb in einen Topf gießen, Zwiebeln und Würstel
beiseitestellen und warm halten. Die kalte Butter mit dem Stabmixer unter den
Sud rühren.

4   Zum Servieren das Zwiebel-Würstel-Gemisch auf vorgewärmte tiefe Teller
verteilen. Den Buttersud nochmals mit dem Stabmixer aufschäumen und etwas
Sud sowie etwas Schaum über die Würstel verteilen. Mit Schnittlauch bestreuen
und mit Blüten und Sauerklee garnieren.

Farbharmonie(lehre)

Weiß-blau sind die bayerischen Landesfarben.
Und weiß-blau ist der Himmel der Bayern. Damit
es in Bayern so richtig schön ist, muss es natürlich auch Würstl geben. Am besten saure Zipfel,
aber „weiß-blau".

Dradewixpfeiferl auf Birnen-Rahm-Kraut

4 PERSONEN

FÜR DIE DRADEWIXPFEIFERL

600 g mehligkochende Kartoffeln
Salz
2 EL braune Butter (siehe S. 64)
2 Eigelb
frisch geriebene Muskatnuss
60 g doppelgriffiges Mehl
(Wiener Grießler)
60 g Speisestärke
Mehl für die Arbeitsfläche
1 Lorbeerblatt
2 Scheiben Ingwer
1 kleine getr. rote Chilischote
1 EL Öl oder braune Butter
zum Braten
Pfeffer aus der Mühle
2 EL Butter

FÜR DAS KRAUT

1 große Zwiebel · 1 EL Öl
800 g Sauerkraut (aus der Dose)
100 ml trockener Weißwein
400 ml Gemüsebrühe
1 Stück geräucherte Speckschwarte oder 1 dicke Scheibe
durchwachsener Räucherspeck
(ca. 50 g)
5 schwarze Pfefferkörner
2 angedrückte Wacholderbeeren
1 Lorbeerblatt
2 EL Apfelmus · 50 g Sahne
3 EL kalte Butter
mildes Chilisalz · Zucker
1 reife rotschalige Birne

ZUBEREITUNG

1 Für die Dradewixpfeiferl die Kartoffeln waschen und mit Schale in Salzwasser weich garen. Abgießen und kurz ausdampfen lassen, dann möglichst heiß pellen, durch die Kartoffelpresse drücken und etwa 30 Minuten abkühlen lassen. Von den durchgepressten Kartoffeln 500 g abwiegen und mit der braunen Butter und den Eigelben mischen, mit Salz und Muskatnuss würzen. Das Mehl mit Speisestärke mischen, auf die Kartoffelmasse sieben und gleichmäßig unterkneten.

2 Den Teig dritteln und jedes Teigstück auf der leicht bemehlten Arbeitsfläche zu einer Rolle (à ca. 1 ½ cm Durchmesser) formen und in 2 bis 3 cm breite Stücke schneiden. Jedes Stück mit leicht bemehlten Händen zu einem 5 bis 7 cm langen Röllchen formen, deren Enden spitz zulaufen. Zwischendurch auf mit reichlich doppelgriffigem Mehl bestreuten Küchentüchern lagern.

3 In einem Topf reichlich Salzwasser zum Sieden bringen, Lorbeerblatt, Ingwer und Chili hinzufügen. Die Fingernudeln im Würzsud wenige Minuten ziehen lassen, bis sie an die Oberfläche steigen. Einmal aufkochen, dann mit dem Schaumlöffel herausnehmen und auf Küchenpapier abtropfen lassen.

4 Für das Kraut inzwischen die Zwiebel schälen und in feine Würfel schneiden. Das Öl in einem Topf erhitzen und die Zwiebelwürfel darin bei milder Hitze andünsten. Das Sauerkraut dazugeben und kurz mitdünsten. Den Wein hinzufügen und fast vollständig einkochen lassen. Die Brühe dazugießen und die Speckschwarte oder den Räucherspeck hinzufügen. Das Sauerkraut mit geschlossenem Deckel bei milder Hitze etwa 45 Minuten schmoren lassen.

5 Inzwischen Pfefferkörner, Wacholderbeeren und Lorbeerblatt in einen Einwegteebeutel füllen und das Säckchen verschließen. Nach 30 Minuten Garzeit das Apfelmus und das Gewürzsäckchen zum Sauerkraut geben.

6 Am Ende der Garzeit das Gewürzsäckchen entfernen. Sahne und kalte Butter unterrühren und das Sauerkraut mit Chilisalz und 1 Prise Zucker abschmecken. Die Birne waschen, vierteln, entkernen und in ½ bis 1 cm große Würfel schneiden. Unter das Kraut ziehen und darin erhitzen. (Je nach Reifegrad gegebenenfalls noch etwas länger darin ziehen lassen, bis die Würfel weich sind.)

7 Zum Servieren das Öl oder die braune Butter in einer Pfanne erhitzen und die Fingernudeln darin bei mittlerer Hitze rundum goldbraun anbraten. Mit Salz und Pfeffer würzen, die Butter hinzufügen und die Dradewixpfeiferl darin wenden. Das Kraut auf vorgewärmte Teller verteilen und die Dradewixpfeiferl darauf anrichten.

Kartoffel inkognito

Der Name klingt geheimnisvoll, aber Dradewix-pfeiferl sind nichts anderes als Schupfnudeln oder Fingernudeln, in Franken werden sie auch Bauchstecherla (Bauchstecher) genannt. Dort fallen sie spitzer und dünner aus.

Fleischpflanzerl „Räuber Kneißl" mit Schwammerlsalat

4 PERSONEN

FÜR DIE PFLANZERL

80 g Toastbrot · 2 Eier
100 ml Milch · 2 TL scharfer Senf
1 fein geriebene Knoblauchzehe
1 Msp. fein geriebener Ingwer
getr. Majoran
abgeriebene Schale von
½ unbehandelten Zitrone
mildes Chilisalz · ½ Zwiebel
270 g Kalbshackfleisch
180 g Schweinehackfleisch
45 g Rinderhackfleisch
1 EL Petersilienblätter
(frisch geschnitten)
1 dicke Scheibe Bergkäse
(ca. ½ cm dick; 150 g)
4 dünne Scheiben Kochschinken
Öl zum Braten

FÜR DIE KARTOFFELN

300 g festkochende Kartoffeln
Salz · 1 Lorbeerblatt
2 kleine getr. rote Chilischoten
½ – 1 TL Öl
1 – 2 TL Bratkartoffelgewürz
(ersatzweise gemahlener Kümmel
und getr. Majoran)

FÜR DEN SALAT

500 g feste Pilze (z. B. Champignons, Pfifferlinge, Steinpilze)
2 Frühlingszwiebeln
1 EL braune Butter (siehe S. 64)
mildes Chilisalz · ½ TL Dijon-Senf
1 ½ EL Weißweinessig · Salz
je ½ TL schwarze Pfeffer-, Korianderkörner und ganzer Kümmel

ZUBEREITUNG

1 Für die Fleischpflanzerl das Brot in ½ cm große Würfel schneiden und in eine Schüssel geben. Die Eier mit der Milch in einen hohen Rührbecher geben. Senf, Knoblauch, Ingwer und jeweils etwas Majoran und Zitronenschale hinzufügen, mit Chilisalz würzen und alles mit dem Stabmixer fein pürieren. Die Eier-Gewürz-Milch mit den Brotwürfeln mischen. Die Zwiebel schälen, in sehr feine Würfel schneiden und in einer Pfanne mit 100 ml Wasser weich garen, bis die Flüssigkeit eingekocht ist.

2 Alle drei Hackfleischsorten mit eingeweichtem Brot, Zwiebelwürfeln und Petersilie mischen. Die Käsescheibe in 16 gleich große Stücke schneiden. Die Schinkenscheiben jeweils in 4 Streifen schneiden und jedes Käsestück mit 1 Schinkenstreifen umwickeln.

3 Aus der Hackfleischmasse mit angefeuchteten Händen nach und nach 16 Portionen abnehmen und zu Kugeln formen. Jede Kugel etwas flach drücken, je 1 Schinken-Käse-Stück in die Mitte setzen, mit der Fleischmasse umhüllen und zu Pflanzerln formen. Die Pflanzerl in einer Pfanne in etwas Öl bei mittlerer Hitze auf jeder Seite goldbraun braten. Herausnehmen und auf Küchenpapier abtropfen lassen, warm halten.

4 Die Kartoffeln schälen, waschen, in etwa 1 cm große Würfel schneiden und in Salzwasser mit Lorbeerblatt und Chili etwa 10 Minuten weich garen. Abgießen und kurz ausdampfen lassen, ganze Gewürze entfernen. Eine Pfanne bei mittlerer Temperatur erhitzen, das Öl mit einem Pinsel darin verstreichen und die Kartoffelwürfel goldbraun anbraten. Mit Bratkartoffelgewürz würzen, warm halten.

5 Für den Salat die Pilze putzen und trocken abreiben (Pfifferlinge, falls nötig, waschen und trocken tupfen). Die Pilze längs halbieren und in nicht zu dünne Scheiben schneiden, kleine Pfifferlinge ganz lassen. Die Frühlingszwiebeln putzen, waschen und schräg in dünne Ringe schneiden. Eine Pfanne bei mittlerer Temperatur erhitzen, die braune Butter darin verteilen und die Pilze einige Minuten anbraten. Die Frühlingszwiebeln dazugeben, darin kurz mitbraten und mit Chilisalz würzen.

6 Für die Marinade 125 ml Wasser mit Senf und Essig verrühren. Pfeffer-, Korianderkörner und ganzen Kümmel in eine Gewürzmühle füllen und die Marinade mit Salz und der Mischung aus der Gewürzmühle würzen.

7 Zum Servieren den Schwammerlsalat auf vorgewärmte Teller verteilen und mit der Marinade beträufeln. Die Kartoffelwürfel und die Fleischpflanzerl daneben anrichten.

Mehr über Mathias Kneißl lesen Sie auf der nächsten Seite.

Räuber Kneißl → von Seite 40

Was wären Sagen ohne ihre sagenhaften Gestalten und Legenden ohne ihre legendären Sprüche? Der Räuber Kneißl (* 12. Mai 1875 in Unterweikertshofen; † 21. Februar 1902 in Augsburg) zum Beispiel wurde für einen — wenn auch für ihn finalen aber vor Sarkasmus triefenden — Spruch berühmt. „De Woch fangt scho gut an", soll er kurz vor seiner Exekution durch die Guillotine gesagt haben. Ansonsten war der Räuber Kneißl, der heute noch als Markenname für ein dunkles bayerisches Bier herhalten muss, ein berüchtigter Bandit. Aber einer, den die Bevölkerung liebte. Ein bayerischer Robin Hood, der in den Wäldern der Obrigkeit wilderte, um zu leben, und der den armen Bauern davon gab, um sie leben zu lassen.

Mathias Kneißl besser bekannt als Räuber Kneißl war ein bayerischer Bandit.

VERSTECK IM ODELFASS

Leben und leben lassen wollten ihn die bayerischen Behörden partout nicht. Der Kneißl wurde zwei Jahre gejagt, was aufgrund seiner Größe (1,60 Meter) gar nicht so einfach war, weil er sich mal im Brennholz und ein anderes Mal im Odelfass versteckt hielt. Selbst als sie ihn aufspürten, in Geisenhofen bei Aufkirchen, waren 60 Polizisten nötig, um ihn zu überwältigen. Obwohl die Woche schlecht für den Kneißl angefangen hat, hätte er eine saubere Henkersmahlzeit verdient gehabt. Zum Beispiel Fleischpflanzerl mit einem Schwammerlsalat.

Nudeln mit Ochs „Wer ko, der ko"

4 PERSONEN

FÜR DAS OCHSEN-BACKERLRAGOUT

2 Zwiebeln · 100 g Knollensellerie
1 kleine Karotte
4 große Ochsen- oder Rinder-backerl (à ca. 350 g; außen liegende Sehne entfernt)
1–2 TL Puderzucker
1 EL Tomatenmark
2 EL Weinbrand
50 ml roter Portwein
350 ml kräftiger Rotwein
1 l Hühnerbrühe
1 Lorbeerblatt
5 angedrückte Wacholderbeeren
½ TL schwarze Pfefferkörner
3 Pimentkörner
1–2 TL Speisestärke
1 Knoblauchzehe (in Scheiben)
2 Scheiben Ingwer
je 1 Streifen unbehandelte Zitronen- und Orangenschale
1 EL kalte Butter
mildes Chilisalz

FÜR DIE NUDELN

250 g breite Bandnudeln · Salz
3 Scheiben Ingwer
2 kleine getr. rote Chilischoten
1–2 TL mildes Olivenöl
125 ml Hühnerbrühe
1 EL kalte Butter · mildes Chilisalz

AUSSERDEM

1 Bund Mini-Karotten
1 Bund Mini-Mairübchen
(ersatzweise milde Radieschen)
50 ml Gemüsebrühe
1 TL kalte Butter
mildes Chilisalz

ZUBEREITUNG

1 Für das Ochsenbackerlragout die Zwiebeln schälen. Den Sellerie und die Karotte putzen und schälen. Das Gemüse in etwa 1 ½ cm große Würfel schneiden. Die Ochsenbackerl von groben Sehnen befreien.

2 Den Puderzucker in einem Bräter bei milder Hitze hell karamellisieren. Das Tomatenmark unterrühren und kurz andünsten. Weinbrand, Portwein und die Hälfte des Weins dazugießen und sämig einköcheln lassen. Dann den übrigen Wein hinzufügen und ebenfalls sämig einköcheln lassen.

3 Das Gemüse unterrühren und die Fleischstücke hinzufügen. Alles mit der Brühe aufgießen, mit einem Blatt Backpapier bedecken und das Fleisch knapp unter dem Siedepunkt 3 ½ bis 4 Stunden weich garen. Dabei etwa 30 Minuten vor Ende der Garzeit das Lorbeerblatt mit den Wacholderbeeren, Pfeffer- und Pimentkörnern unterrühren.

4 Anschließend das Ganze durch ein Sieb in einen Topf gießen, das Fleisch herausnehmen, etwas abkühlen lassen und in etwa 1 ½ cm große Würfel schneiden. Das Schmorgemüse etwas ausdrücken, dann entfernen.

5 Die Sauce noch etwas einköcheln lassen. Die Speisestärke mit wenig kaltem Wasser glatt rühren, in die Sauce geben und köcheln lassen, bis diese sämig bindet. Knoblauch, Ingwer, Zitronen- und Orangenschale hinzufügen und darin 5 Minuten ziehen lassen, wieder entfernen. Die kalte Butter in die Sauce rühren, die Fleischwürfel dazugeben und alles mit Chilisalz abschmecken, warm halten.

6 Für die Nudeln die Bandnudeln in reichlich kochendem Salzwasser mit Ingwer und Chili 2 bis 3 Minuten kürzer als auf der Packung angegeben garen. In ein Sieb abgießen, abtropfen lassen und auf ein Backblech verteilen. Etwas ausdampfen lassen und mit dem Olivenöl mischen.

7 Für das Gemüse von den Mini-Karotten und -Mairübchen das Grün bis auf 1 cm abschneiden, die Karotten schälen, die Rübchen putzen und waschen. Karotten und Rübchen mit der Brühe in eine Pfanne geben, mit Backpapier bedecken und knapp unter dem Siedepunkt 6 bis 8 Minuten leicht bissfest dünsten. Die kalte Butter unterrühren und alles mit Chilisalz würzen.

8 Zum Servieren für die Nudeln die Brühe in einer tiefen Pfanne erhitzen. Die vorgegarten Nudeln dazugeben und etwa 2 Minuten garen, bis sie fast die gesamte Flüssigkeit aufgenommen haben. Dann die kalte Butter dazugeben und alles mit Chilisalz abschmecken.

9 Die Nudeln auf vorgewärmte Teller verteilen und das Ragout darauf anrichten. Die Mini-Karotten und -Mairübchen daraufstecken, mit Chilisalz bestreuen.

Maultaschen „Gruberin"

4 PERSONEN

FÜR DEN NUDELTEIG

200 g Mehl
100 g Hartweizengrieß
3 Eier · 2–3 EL mildes Olivenöl
Salz

FÜR DIE FÜLLUNG

200 g Hähnchenbrustfilet
Salz · ½ TL scharfer Senf
2 TL Brathendlgewürz
200 g eiskalte Sahne
mildes Chilisalz

FÜR DIE ROTEN BETEN

400 g Rote Bete
(vorgegart und vakuumiert)
50 ml Gemüsebrühe
je ½ TL Koriander- und Pfefferkörner sowie ganzer Kümmel für
die Gewürzmühle
mildes Chilisalz
1 Bund Frühlingszwiebeln
1 rotschaliger Apfel
1 TL braune Butter (siehe S. 64)
1 Splitter Zimtrinde
3 cm Vanilleschote
1 kleine getr. rote Chilischote

AUSSERDEM

Mehl zum Bestäuben
1 Ei zum Bestreichen
Salz · Grieß für das Tablett
1 Lorbeerblatt
1 kleine getr. rote Chilischote
6 EL braune Butter
1–2 TL Backmohn

ZUBEREITUNG

1   Für den Nudelteig Mehl, Grieß, Eier, Olivenöl und 1 Prise Salz in der Küchenmaschine zu einem glatten, elastischen Nudelteig verkneten. Je nach Konsistenz bei Bedarf noch Mehl oder etwas Wasser hinzufügen. Den Teig in Frischhaltefolie wickeln und mindestens 30 Minuten im Kühlschrank ruhen lassen.

2   Für die Füllung inzwischen das Hähnchenbrustfilet waschen und trocken tupfen, in Würfel schneiden, mit Salz würzen und im Tiefkühlfach 5 Minuten anfrieren lassen. Dann das Hähnchenfleisch mit Senf und Brathendlgewürz in den Blitzhacker (am besten eine Moulinette) geben und die eiskalte Sahne nach und nach untermixen, bis eine glatte, glänzende Farce entstanden ist. Mit Chilisalz würzen. Die Füllung in einen Einwegspritzbeutel füllen und oben eine 1 bis 1½ cm große Öffnung abschneiden (alternativ eine Lochtülle einsetzen).

3   Den Nudelteig halbieren und jede Hälfte mit der Nudelmaschine oder dem Nudelholz in nicht zu dünne, 10 cm breite Bahnen ausrollen, dabei mit etwas Mehl bestäuben. Aus den Teigbahnen 16 Kreise (à ca. 10 cm Durchmesser) ausstechen (dabei die Teigbahnen zwischendurch in Frischhaltefolie hüllen, damit sie nicht austrocknen). Das Ei mit 1 Prise Salz verquirlen und die Teigkreise damit dünn bestreichen.

4   Die Füllung mithilfe des Spritzbeutels mittig auf die Teigkreise setzen und den Teig über die Füllung klappen, sodass Halbmonde entstehen. Die Teigränder um die Füllung herum festdrücken (dabei darauf achten, dass keine Luft in den Täschchen eingeschlossen ist) und in Fältchen legen oder mit einer Gabel etwas andrücken. Auf einem mit Grieß bestreuten Tablett bis zum Garen kühl stellen.

5   Für die Roten Beten die Knollen in schmale Spalten schneiden und in der Brühe erhitzen. Koriander, Pfeffer und Kümmel in eine Gewürzmühle füllen und die Roten Beten damit und mit Chilisalz würzen, warm halten. Die Frühlingszwiebeln putzen, waschen und schräg in etwa 3 cm lange Stücke schneiden. Den Apfel waschen, vierteln, entkernen und in Spalten schneiden. Die Frühlingszwiebeln in einer Pfanne in der braunen Butter bei milder Hitze einige Minuten andünsten. Apfelspalten, Zimt, Vanille und Chili hinzufügen, Apfelspalten darin auf jeder Seite hell bräunen. Die Gewürze entfernen, das Gemüse warm halten.

6   Die Maultaschen portionsweise in ein Bambuskörbchen setzen. In einem Topf wenig Wasser mit Lorbeerblatt und Chili aufkochen, das Bambuskörbchen hineinstellen und die Maultaschen darin mit geschlossenem Deckel bei mittlerer Hitze 5 bis 6 Minuten dämpfen (alternativ im Dampfgarer arbeiten). Inzwischen für die Mohnbutter die braune Butter mit dem Mohn leicht erhitzen.

7   Die Rote-Bete-Spalten auf vorgewärmte Teller verteilen und die Frühlingszwiebeln und Apfelspalten darauflegen. Die Maultaschen darauf anrichten und mit der Mohnbutter beträufeln.

Für Monika

Wenn man in Bayern jemandem eine „guade Fotzn" bescheinigt, dann ist das die respektvolle Umschreibung für einen sprachgewandten Menschen. Eine solche und noch viel mehr ist die hintersinnige bayerische Spitzenkabarettistin Monika Gruber. Deshalb: Maultaschen „Gruberin".

Schwammerlrisotto „Kneipp"

4 PERSONEN

FÜR DEN RISOTTO

1 l Gemüsebrühe
15 g getr. Champignons
oder Egerlinge
250 g Risottoreis (z. B. Arborio,
Carnaroli oder Vialone nano)
1 EL kalte Butter · mildes Chilisalz
4 EL geriebener Parmesan
oder Bergkäse

FÜR DIE PILZE

250 g Pilze (z. B. Champignons,
Pfifferlinge, Semmelstoppelpilze,
Steinpilze)
2 Frühlingszwiebeln · 1 TL Öl
mildes Chilisalz
gemahlener Kümmel
1 Msp. abgeriebene unbehandelte
Zitronenschale
Pfeffer aus der Mühle
1 EL Petersilienblätter
(frisch geschnitten)
1 EL kalte Butter

ZUBEREITUNG

1 Für den Risotto die Brühe erhitzen und die Trockenpilze darin 20 Minuten ziehen lassen. In ein Sieb abgießen, dabei die Brühe auffangen und zum Aufgießen des Risottos verwenden, die Pilze klein hacken und beiseitestellen.

2 Risottoreis und ¾ l Pilzbrühe in einen Topf geben. Mit einem Blatt Backpapier bedecken und knapp unter dem Siedepunkt 18 bis 20 Minuten garen, bis der Reis die Flüssigkeit gerade aufgenommen hat. Bei Bedarf noch etwas Pilzbrühe nachgießen. Die gehackten Trockenpilze unter den Risotto mischen, die kalte Butter unterrühren und den Risotto mit Chilisalz würzen.

3 Inzwischen die Pilze putzen und trocken abreiben (Pfifferlinge, falls nötig, waschen und trocken tupfen). Die Pilze in Stücke schneiden. Die Frühlingszwiebeln putzen, waschen und schräg in dünne Ringe schneiden.

4 Eine große Pfanne bei mittlerer Temperatur erhitzen, das Öl mit einem Pinsel darin verstreichen und die Pilze anbraten. Die Pilze am besten in zwei bis drei Portionen braten, damit alle schön bräunen und kein Wasser austritt. Gegen Ende der Garzeit die Frühlingszwiebeln dazugeben. Alles mit Chilisalz, 1 Prise Kümmel, Zitronenschale und Pfeffer würzen. Zuletzt die Petersilie mit der kalten Butter hinzufügen und untermischen.

5 Zum Servieren den Risotto auf vorgewärmte tiefe Teller verteilen und die gebratenen Pilze darauf anrichten. Mit dem Käse bestreuen.

Genießen statt gießen

Normalerweise muss man einen Risotto immer wieder aufgießen, bis der Reis gar ist. Alfons Schuhbeck hat da eine ganz andere Technik. Zu Ehren des berühmten Arztes Sebastian Kneipp, der gerne verschiedene Aufgüsse verschrieb, heißt der Risotto Kneipp.

Reisfleisch mit Hähnchen und bayerischen Wald-Schwammerln

ZUBEREITUNG

1 Den Reis in einem Sieb so lange kalt abbrausen, bis das ablaufende Wasser klar bleibt. Den Reis in einen Topf geben und mit 400 ml Wasser auffüllen, sodass dieses etwa einen Fingerbreit über dem Reis steht, mit Salz würzen. Alles kurz aufkochen, dann den Reis mit geschlossenem Deckel bei milder Hitze etwa 20 Minuten bissfest quellen lassen. Anschließend mit einer Gabel auflockern.

2 Für die Sauce inzwischen die passierten Tomaten in einem Topf mit Brühe, Knoblauch und Bohnenkraut erhitzen und knapp unter dem Siedepunkt etwa 5 Minuten garen. Den Topf vom Herd nehmen und das Olivenöl mit einem Stabmixer unterrühren. Die Tomatensauce mit Räucherpaprikapulver, Salz, Pfeffer und 1 Prise Zucker würzen und warm halten.

3 Das Hähnchenbrustfilet waschen, trocken tupfen und in ½ bis 1 cm große Würfel schneiden. Eine Pfanne bei mittlerer Temperatur erhitzen, das Öl mit einem Pinsel darin verstreichen und das Hähnchenfleisch 2 bis 3 Minuten leicht anbraten. Mit Chilisalz würzen und die kalte Butter unterrühren, warm halten.

4 Die Pilze putzen und trocken abreiben (Pfifferlinge, falls nötig, kurz waschen und trocken tupfen). Die Champignons vierteln, andere Pilze in ähnlich große Stücke schneiden. Eine Pfanne bei mittlerer Temperatur erhitzen, das Öl mit einem Pinsel darin verstreichen und die Pilze einige Minuten anbraten. Die kalte Butter hinzufügen und die Pilze mit Chilisalz, 1 Prise Kümmel, Zitronenschale und Petersilie würzen.

5 Zum Servieren die Tomatensauce auf vorgewärmten Tellern verteilen und den Reis darauf anrichten. Die Hähnchenwürfel mit den Pilzen darüberstreuen.

4 PERSONEN

FÜR DEN REIS
200 g Langkornreis · Salz

FÜR DIE SAUCE
350 g passierte Tomaten
(aus der Dose)
100 ml Gemüsebrühe
1 fein geriebene Knoblauchzehe
¼ TL getr. Bohnenkraut
4 EL mildes Olivenöl
1 Msp. Räucherpaprikapulver
(Pimentón de la Vera picante)
Salz · Pfeffer aus der Mühle
Zucker

FÜR DAS HÄHNCHEN
500 g Hähnchenbrustfilet
(ersatzweise Schweinefilet oder
Schweinelachs) · 1 TL Öl
mildes Chilisalz · 1 EL kalte Butter

FÜR DIE PILZE
120 g Pilze
(z. B. Champignons, Egerlinge,
Pfifferlinge oder Steinpilze)
1 TL Öl · 1 TL kalte Butter
mildes Chilisalz
gemahlener Kümmel
1 Msp. unbehandelte abgeriebene
Zitronenschale
1 TL Petersilienblätter
(frisch geschnitten)

Rahmknödel „Valentin"

4 PERSONEN

FÜR DIE SCHWAMMERL

½ l Gemüsebrühe
3 EL getr. Champignons
(siehe S. 88)
oder Egerlinge
200 g Sahne
1–2 TL Speisestärke
1 Lorbeerblatt
1 kleine getr. rote Chilischote
1 Knoblauchzehe (in Scheiben)
2 Scheiben Ingwer
mildes Chilisalz
600 g Pilze (z. B. Champignons,
Pfifferlinge oder Steinpilze)
½ Zwiebel
je ½ TL Koriander-, schwarze
Pfeffer- und Fenchelkörner
sowie ganzer Kümmel · 1–2 TL Öl
1 EL Petersilienblätter
(frisch geschnitten)
1–2 TL braune Butter
(siehe S. 64)
1 Msp. abgeriebene unbehandelte
Zitronenschale

FÜR DIE SEMMEL-KNÖDEL

300 g altbackenes Weißbrot
(vom Vortag)
¼ l Milch · 3 Eier
mildes Chilisalz
frisch geriebene Muskatnuss
½ Zwiebel
2 EL gemischte Kräuterblätter
(z. B. Kerbel und Petersilie;
frisch geschnitten)

AUSSERDEM

4 Dillstiele zum Garnieren

ZUBEREITUNG

1 Für die Schwammerl für die Sauce die Brühe erhitzen und die getrockneten Pilze darin knapp unter dem Siedepunkt 20 Minuten ziehen lassen. In ein Sieb abgießen, dabei die Pilzbrühe auffangen. Die Pilze kurz abkühlen lassen und fein hacken, für die Knödel beiseitestellen. Die Pilzbrühe mit der Sahne erhitzen. Die Speisestärke mit wenig kaltem Wasser glatt rühren, in die Sauce geben und 2 Minuten köcheln lassen, bis diese sämig bindet. Lorbeerblatt, Chili, Knoblauch, Ingwer und etwas Chilisalz hinzufügen und alles einige Minuten ziehen lassen. Die Sauce in ein Sieb abgießen, die ganzen Gewürze entfernen.

2 Die Pilze putzen und falls nötig, trocken abreiben (Pfifferlinge gründlich putzen, falls nötig, waschen und trocken tupfen). Alle Pilze in Stücke schneiden. Die Zwiebel schälen und in feine Würfel schneiden. Koriander-, Pfeffer- und Fenchelkörner sowie Kümmel in eine Gewürzmühle füllen. Eine Pfanne bei mittlerer Temperatur erhitzen, das Öl mit einem Pinsel darin verstreichen und die Zwiebeln leicht andünsten. Die Pilze dazugeben und darin etwa 3 Minuten anbraten. Die Petersilie hinzufügen, mit den Gewürzen aus der Mühle würzen und braune Butter und Zitronenschale dazugeben, warm halten.

3 Für die Semmelknödel das Weißbrot in möglichst dünne Scheiben schneiden und mit den gehackten Trockenpilzen vom Saucenansatz in eine Schüssel geben. Die Milch aufkochen, nach und nach mit den Eiern verrühren und mit Chilisalz und 1 Prise Muskatnuss würzen. Die Eiermilch mit dem Weißbrot mischen, dabei aber nicht zu fest drücken. Die Zwiebel schälen, in feine Würfel schneiden und in einer Pfanne mit 100 ml Wasser weich garen, bis die Flüssigkeit eingekocht ist. Mit den Kräutern zur Weißbrotmasse geben, mit einem Küchentuch bedeckt 20 Minuten ziehen lassen. Danach aus der Knödelmasse mit angefeuchteten Händen 8 Knödel formen und in siedendem Salzwasser etwa 20 Minuten ziehen lassen. Mit dem Schaumlöffel herausheben und abtropfen lassen.

4 Zum Servieren den Dill waschen, trocken tupfen und die Spitzen abzupfen. Die Sauce in vorgewärmte tiefe Teller verteilen, die Pilze darauf mittig anrichten und die Knödel daraufsetzen. Mit Dillspitzen garnieren.

Mehr über den berühmten Karl Valentin lesen Sie auf der nächsten Seite.

Karl Valentin → von Seite 50

Absurd und grotesk — vor allem aber immer hintersinnig. So war der Humor des Münchner Meisterkomikers Karl Valentin (* 4. Juni 1882 in München; † 9. Februar 1948 in Planegg). War es gestern oder doch im vierten Stock? Mögen hätten wir schon wollen, aber dürfen haben wir uns nicht getraut. Ja sappradi, der Valentin war ein Hexenmeister der Sprache, ein „Linksdenker" (Kurt Tucholsky), ein „Wortzerklauberer" (Alfred Kerr) und ein Intellektueller (befreundet mit Bert Brecht) — aber leider auch eine tragische Gestalt. Nicht nur weil er vom Aussehen her an den Ritter Don Quijote erinnerte. Er rannte auch gegen die Windmühlen des Lebens an, der Misserfolg blieb ihm stets treu. Diverse Pleiten und die harte Nachkriegszeit setzten Valentin gesundheitlich so zu, dass er viel zu früh starb. An einem Tag, an dem nur Komiker sterben, weil es so komisch ist. An einem Rosenmontag!

DENKMAL KARL VALENTIN

Dem Essen konnte Valentin im Übrigen auch komische Seiten abgewinnen. Sein Streit, ob es Semmelknödel oder Semmelnknödeln heißen muss, weil der Knödel ja aus mehreren Semmeln besteht, ist Legende. Hoffentlich sind das auch die Rahmknödel „Valentin".

Der unsterbliche Karl Valentin wurde geboren als Valentin Ludwig Fey.

Regensburger Domspätzle

4 PERSONEN

FÜR DIE EINGE-LEGTEN GURKEN

1 Salatgurke · 4 Dillstiele
100 ml Weißweinessig
60 g Zucker · ½ TL Salz
5 Scheiben Ingwer
1 Lorbeerblatt
1 kleine getr. rote Chilischote
½ – 1 TL gelbe Senfkörner
je ½ TL Koriander- und
Fenchelkörner

FÜR DIE SPÄTZLE

100 g doppelgriffiges Mehl
(Wiener Grießler)
20 g Weizengrieß
100 g Magerquark
2 Eier · Salz
frisch geriebene Muskatnuss
1 Lorbeerblatt
3 Scheiben Ingwer
1 kleine getr. rote Chilischote

FÜR DEN SALAT

2 EL Weißweinessig · 2 EL Öl
Salz · Pfeffer aus der Mühle
milde Chiliflocken
100 g Cocktailtomaten
1 rote Zwiebel
4 Radieschen
50 g tiefgekühlte Erbsen
(aufgetaut)
4 Regensburger Würste

AUSSERDEM

1 Handvoll Feldsalat
1 EL Dillspitzen
1 – 2 EL Gänseblümchen oder
andere essbare Blüten

ZUBEREITUNG

1   Für die eingelegten Gurken die Salatgurke schälen, längs halbieren und die Kerne mit einem Teelöffel entfernen. Die Gurkenhälften in ½ cm große Würfel schneiden. Den Dill waschen. Den Essig mit 200 ml Wasser, Zucker und Salz in einen Topf geben und Ingwer, Lorbeerblatt und Chili hinzufügen. Senf-, Koriander- und Fenchelkörner in einen Einwegteebeutel füllen, das Säckchen verschließen und ebenfalls dazugeben. Das Ganze einmal aufkochen, die Gurken mit den Dillstielen hinzufügen und im Sud einmal aufkochen. Vom Herd nehmen und abkühlen lassen. Vor der Verwendung abseihen, den Sud auffangen und für die Marinade aufheben, alle Gewürze entfernen.

2   Für die Spätzle Mehl, Grieß, Quark, Eier, etwas Salz und 1 Prise Muskatnuss in der Küchenmaschine oder mit den Knethaken des Handrührgeräts zu einem glatten Teig verrühren. Dabei nur so lange wie nötig rühren, damit der Teig nicht zu zäh wird.

3   In einem großen Topf reichlich Salzwasser mit Lorbeerblatt, Ingwer und Chili aufkochen. Den Spätzlehobel kurz ins Wasser tauchen, den Teig in mehreren Portionen einfüllen und die Spätzle ins siedende Wasser hobeln. Die Spätzle sollten dabei eher Knöpfle als lange Spätzle werden. Sobald die Spätzle an die Oberfläche steigen, einmal kurz aufkochen lassen. Mit dem Schaumlöffel herausnehmen, abtropfen und lauwarm abkühlen lassen.

4   Für den Salat inzwischen für die Marinade 50 ml Gurkeneinlegesud mit 200 ml Wasser, Essig und Öl in einer Salatschüssel gründlich verrühren und mit Salz, Pfeffer und 1 Prise Chiliflocken kräftig würzen. Die Tomaten waschen, vierteln und die Viertel quer halbieren. Die Zwiebel schälen und in feine Würfel schneiden. Die Radieschen putzen, waschen und in etwa ½ cm große Würfel schneiden. Die Spätzle mit allen eingelegten Gurken, Erbsen, Tomaten, Zwiebel und Radieschen mit der Marinade mischen und den Salat etwa 10 Minuten ziehen lassen. Nach Belieben nochmals abschmecken.

5   Währenddessen den Feldsalat verlesen, waschen und trocken tupfen. Den Dill und die Gänseblümchen waschen und trocken tupfen. Die Regensburger Würste enthäuten und in dünne Scheiben schneiden.

6   Zum Servieren die Wurstscheiben leicht überlappend auf Teller verteilen. Den Salat mit dem Schaumlöffel herausheben und mittig auf die Wurstscheiben legen. Die Wurstscheiben mit etwas Marinade beträufeln und alles mit Feldsalat, Dillspitzen und Gänseblümchen garnieren.

Sightseeing kulinarisch

Regensburg hat viele Berühmtheiten. Die Steinerne Brücke, den ersten Imbissstand der Welt, den berühmten Knabenchor. Vielleicht kommt ja noch eine vierte dazu: die Regensburger Domspätzle, ein Imbiss mit Regensburger Würsten und Spätzle.

Nürnberger Bratwurstgulasch

4 PERSONEN

FÜR KARTOFFELN UND BRATWÜRSTEL

800 g vorwiegend festkochende
Kartoffeln · Salz
1 Lorbeerblatt
1 kleine getr. rote Chilischote
½ TL gemahlene Kurkuma
1 EL braune Butter (siehe S. 64)
mildes Chilisalz · 1 EL Öl
400 g Nürnberger Rostbratwürstel
(ersatzweise andere Bratwürste)

FÜR DIE SAUCE

1 Zwiebel
je 1 rote, gelbe und orange
Paprikaschote (à ca. 200 g)
½ TL Puderzucker
2 EL Tomatenmark
600 ml Gemüsebrühe
100 g passierte Tomaten
(aus der Dose)
mildes Chilisalz
1–2 TL Petersilienblätter
(frisch geschnitten)
1–2 TL Schnittlauchröllchen

FÜR DAS GULASCH-GEWÜRZ

2 TL Paprikapulver (edelsüß)
½ TL Räucherpaprika (Pimentón
de la Vera picante)
¼ TL gemahlene Kurkuma
2 fein geriebene Knoblauchzehen
½ TL fein geriebener Ingwer
½ – 1 TL abgeriebene unbehandelte Zitronenschale
1 TL gemahlener Kümmel
1 TL getr. Majoran

ZUBEREITUNG

1   Die Kartoffeln schälen, waschen und in etwa 2 ½ cm große Würfel schneiden. In einem Topf in Salzwasser mit Lorbeerblatt, Chili und Kurkuma 20 bis 30 Minuten weich garen. In ein Sieb abgießen und kurz ausdampfen lassen, Lorbeer und Chili herausnehmen und nach Belieben beim Braten wieder dazugeben.

2   Für die Sauce die Zwiebel schälen und in etwa 2 cm große Rauten schneiden. Die Paprikaschoten längs halbieren, entkernen und waschen. Die Paprikahälften mit dem Sparschäler schälen und in Rauten schneiden. Die Zwiebelrauten in einen Topf geben, mit Puderzucker bestäuben und alles bei milder Hitze etwas andünsten. Die Paprikarauten hinzufügen und kurz andünsten. Das Tomatenmark dazugeben und etwas mitdünsten, dann die Brühe mit den passierten Tomaten hinzufügen. Alles mit einem Blatt Backpapier bedecken und knapp unter dem Siedepunkt etwa 20 Minuten weich garen.

3   Inzwischen für das Gulaschgewürz beide Paprikasorten und Kurkuma mit wenig Wasser glatt verrühren und Knoblauch, Ingwer, Zitronenschale, Kümmel und Majoran hinzufügen.

4   Die Sauce mit etwa drei Vierteln des Gulaschgewürzes abschmecken, einige Minuten ziehen lassen und mit Chilisalz würzen. Zuletzt Petersilie und Schnittlauch unterrühren. Nach Geschmack mit dem restlichen Gulaschgewürz würzen, warm halten.

5   Zum Servieren die Kartoffelwürfel in einer Pfanne in der braunen Butter bei milder Hitze braten, dabei nach Belieben Lorbeerblatt und Chili wieder hinzufügen, mit Chilisalz würzen. Eine Pfanne bei mittlerer Temperatur erhitzen, das Öl mit einem Pinsel darin verstreichen und die Bratwürste rundum goldbraun anbraten. Das Gulasch auf vorgewärmte tiefe Teller verteilen und die Kartoffelwürfel darauf anrichten. Die Bratwürste schräg halbieren und daraufsetzen. Nach Belieben mit Majoranblättchen garnieren.

Hommage an Franken

Für die einen sind es nur Würstel, für die Nürnberger aber ein kulinarisches Nationalheiligtum. Die Nürnberger Werschtla genießen deshalb auch höchsten Herkunftsschutz. Die Franken essen gerne „Drei im Weckla" (drei in der Semmel), Schuhbeck macht ein Bratwurstgulasch draus.

Fisch & Meeresfrüchte

Bayern ist ein Fischland

Wer an bayerisches Essen denkt, denkt nicht an Fisch. Falsch! Denn: Haben die Bayern mit dem Chiemsee nicht ihr eigenes Meer? Wacht nicht ein Riesenwaller im Walchensee über die Moral der Münchner und flutet bei Nichteinhalten derselben mit einem Schwanzschlag auf den See das Oberland? Kurzum: Bayernland ist ein Fischland, auch kulinarisch.

Bayerischer Meer-Zander

4 PERSONEN

FÜR DEN STRUDEL

150 g gut gekühltes Zanderfilet
Salz · ½ – 1 TL scharfer Senf
½ TL abgeriebene unbehandelte
Zitronenschale
1 Msp. fein geriebener Ingwer
je 1 – 2 TL Kerbel-, Petersilienblätter und Dillspitzen (frisch
geschnitten) · mildes Chilisalz
200 g gut gekühlte Sahne
8 Strudelteigblätter (à ca. 14 x
14 cm; aus Kühlregal oder Tiefkühlfach) · 4 EL zerlassene Butter

FÜR DIE PFLANZERL

150 g Garnelen (ohne Kopf und
Schale) · 150 g Zanderfilet
1 TL Dijon-Senf
1 TL abgeriebene unbehandelte
Limettenschale
mildes Chilisalz
frisch geriebene Muskatnuss
1 – 2 TL Öl

FÜR DEN ZANDER

je ½ TL Fenchel-, Koriander-
und schwarze Pfefferkörner
und ¼ Splitter Zimtrinde für die
Gewürzmühle
4 Zanderfilets
(à ca. 60 g; mit Haut)
1 TL Öl · mildes Chilisalz

FÜR DEN RAHMSPINAT

800 g Blattspinat
50 ml Gemüsebrühe
200 g Sahne · 1 Knoblauchzehe
(in Scheiben) · 3 cm Vanilleschote
mildes Chilisalz
frisch geriebene Muskatnuss

ZUBEREITUNG

1   Für den Zanderstrudel den Fisch waschen, trocken tupfen, in Würfel schneiden und in eine Schüssel geben. Fischwürfel salzen und 5 Minuten ins Tiefkühlfach stellen. Die Hälfte der Fischwürfel mit der Hälfte von Senf, Zitronenschale, Ingwer und Kräutern in den Blitzhacker geben. Mit Chilisalz würzen und pürieren, bis die Masse zu binden beginnt. 30 g Sahne hinzufügen und untermixen. 70 g Sahne in zwei weiteren Portionen untermixen, dabei jeweils darauf achten, dass sich die Sahne mit dem Fisch vollständig verbunden hat, bevor die übrige Sahne hinzugefügt wird. Die Fischfarce soll glatt und glänzend sein. Den zweiten Teil der Farcezutaten genauso verarbeiten und alles in einen Spritzbeutel füllen.

2   Den Backofen auf 180 °C vorheizen. 4 Strudelteigblätter nebeneinander auf ein Küchentuch legen, mit etwas zerlassener Butter bestreichen und die übrigen 4 Strudelteigblätter darauflegen. Vier Timbale-Förmchen (à ca. 7 cm Durchmesser) mit zerlassener Butter einfetten, jeweils mit 1 doppeltem Strudelteigblatt auslegen und überstehende Enden etwas zurückschneiden. Die Fischfarce auf die Förmchen verteilen und kühl stellen. Zum Servieren im Ofen auf der mittleren Schiene etwa 10 Minuten backen. Herausnehmen und sofort servieren.

3   Für die Fischpflanzerl die Garnelen am Rücken entlang nicht zu tief einschneiden und den Darm entfernen. Garnelen und Zanderfilet waschen, trocken tupfen und in kleine Würfel schneiden. Nochmals mit einem großen Küchenmesser sehr fein hacken und in eine Schüssel geben. Senf und Limettenschale hinzufügen, mit Chilisalz und Muskatnuss würzen und alles gut mischen. Aus der Fischmasse mit angefeuchteten Händen 8 gleich große Pflanzerl formen. Eine Pfanne bei mittlerer Temperatur erhitzen, das Öl mit einem Pinsel darin verteilen und die Fischpflanzerl auf jeder Seite goldbraun anbraten. Herausnehmen und auf Küchenpapier abtropfen lassen, warm halten.

4   Für den Zander Fenchel, Koriander, Pfeffer und Zimt in eine Gewürzmühle füllen. Den Fisch waschen und trocken tupfen. Eine Pfanne bei mittlerer Temperatur erhitzen, das Öl mit einem Pinsel darin verstreichen und die Zanderfilets auf der Hautseite einige Minuten goldbraun anbraten. Dann wenden, die Pfanne vom Herd nehmen und die Filets in der Nachhitze der Pfanne saftig durchziehen lassen. Mit Chilisalz und den Gewürzen aus der Mühle würzen, warm halten.

5   Spinat verlesen, waschen und trocken schleudern, grobe Stiele entfernen. Etwa 400 g Spinat in der Brühe erhitzen, die Sahne dazugießen und kurz köcheln lassen. Dann alles in einem hohen Rührbecher mit dem Stabmixer pürieren und wieder in die Pfanne gießen. Restliche ganze Spinatblätter, Knoblauch und Vanille dazugeben, alles einige Minuten ziehen lassen. Mit Chilisalz und Muskatnuss würzen, Vanille entfernen. Den Rahmspinat mittig auf vorgewärmte Teller verteilen. Strudel, Zanderfilets und Pflanzerl daneben anrichten.

Mehr zum bayerischen Meer
lesen Sie auf der nächsten Seite.

Bayerisches Meer → von Seite 60

Blanker Größenwahn oder gesundes Selbstbewusstsein? An der vor Kraft strotzenden bayerischen Seele (Mia san mia) reiben sich gerne und vor allem die Nicht-Bayern. Kein Wunder, denn südlich des Weißwurstäquators sieht man sich bereits in der Vorstufe zum Paradies. Mindestens — und ein solches verfügt natürlich auch über ein Meer. Das bayerische Meer also ist der Chiemsee, der mit seinen knapp 80 Quadratkilometern (64 Kilometer Ufer) so groß ist, dass man in der Tat das Land auf der anderen Seite nicht sieht und meinen könnte, man stünde am Meer.

KÖNIG LUDWIG UND DIE HOLZSPEKULANTEN

Drei Inseln (Herren-, Frauen- und Krautinsel) liegen wie grüne Einschüsse im zarten Blau des Sees. Dass die größte davon wieder zum Freistaat Bayern gehört, ist König Ludwig II. zu verdanken. Der kaufte das Eiland damals einem Konsortium württembergischer Holzspekulanten ab, um dort sein Schloss Herrenchiemsee zu errichten. Und was wäre ein Meer ohne Fisch? Ein ganz besonderer, weil seltener, ist der Chiemsee-Zander. Der schmeckt königlich zart. So was gibt es halt nur in Bayern.

Rahmsuppe vom Walchensee-Waller

4 PERSONEN

FÜR DIE SUPPE

2 mehligkochende Kartoffeln
1 Knoblauchzehe · Salz
1 Lorbeerblatt
1 kleine getr. rote Chilischote
1 TL Puderzucker
80 ml Weißwein
1 l Hühnerbrühe · 100 g Sahne
1 Knoblauchzehe (in Scheiben)
½ TL fein geriebener Ingwer
40 g kalte Butter · 1 EL Dijon-Senf
½ – 1 TL süßer Senf
1 Msp. abgeriebene unbehandelte
Zitronenschale
1 EL Dillspitzen
(frisch geschnitten)
mildes Chilisalz
1 Spritzer Zitronensaft

FÜR DEN WALLER

400 g Wallerfilet · ½ – 1 TL Öl
1 EL braune Butter (siehe S. 64)
mildes Chilisalz

ZUBEREITUNG

1   Für die Rahmsuppe die Kartoffeln schälen, waschen und in ½ bis 1 cm große Würfel schneiden. Den Knoblauch schälen und halbieren. Die Kartoffelwürfel in Salzwasser mit Knoblauch, Lorbeerblatt und Chili weich garen. In ein Sieb abgießen und abtropfen lassen, die Gewürze wieder entfernen.

2   Den Puderzucker in einer Pfanne bei milder Hitze hell karamellisieren, den Wein dazugießen und auf ein Drittel einköcheln lassen. Brühe und Sahne hinzufügen, die gekochten Kartoffeln mit Knoblauch und Ingwer dazugeben und alles im Topf mit dem Stabmixer pürieren.

3   Die kalte Butter in Würfeln, beide Senfsorten und Zitronenschale hinzufügen und mit dem Stabmixer unterrühren. Den Dill untermischen und die Suppe mit Chilisalz und Zitronensaft abschmecken, vom Herd nehmen.

4   Das Wallerfilet waschen, trocken tupfen und in 2 cm große Stücke schneiden. Eine Pfanne bei mittlerer Temperatur erhitzen, das Öl mit einem Pinsel darin verstreichen und die Wallerstücke rundum etwa 4 Minuten hell anbraten.

5   Die Pfanne vom Herd nehmen und die Fischstücke in der Nachhitze der Pfanne noch 1 bis 2 Minuten saftig durchziehen lassen. Die braune Butter unterrühren und den Waller mit Chilisalz würzen.

6   Zum Servieren die Rahmsuppe nochmals kurz erhitzen, dann in vorgewärmten tiefen Tellern anrichten und die Wallerstücke darin verteilen.

Tipp: Wenn Sie braune Butter für den Vorrat selbst machen möchten, 250 g Butter in einem kleinen Topf bei mittlerer Temperatur langsam erhitzen, bis sie goldbraun ist und ein nussiges Aroma hat. Den Topf vom Herd nehmen und die Butter durch ein mit Küchenpapier ausgelegtes Sieb gießen. In ein gut schließbares Glas füllen und kühl aufbewahren. Die Butter hält sich so zwei bis drei Monate.

Eintopf „Fischer Vroni" von bayerischen Süßwasserfischen

ZUBEREITUNG

1 Die Zwiebel schälen und in feine Würfel schneiden. Den Sellerie und den Fenchel putzen und waschen, den Sellerie schräg in Scheiben, den Fenchel in kleine Würfel schneiden, dabei den harten Strunk entfernen. Die Frühlingszwiebeln putzen, waschen und schräg in ½ bis 1 cm große Stücke schneiden. Die Zucchini putzen, waschen und in ½ bis 1 cm große Würfel schneiden. Die Champignons putzen, trocken abreiben und in ½ cm dicke Scheiben schneiden. Den Rosmarinzweig waschen und trocken tupfen.

2 Den Puderzucker in einem Topf bei milder Hitze hell karamellisieren. Das Tomatenmark hinzufügen und kurz andünsten. Zwiebel, Sellerie und Fenchel dazugeben. Die Brühe mit den passierten Tomaten hinzufügen und alles bei milder Hitze 10 bis 15 Minuten leicht köcheln lassen.

3 Dann Frühlingszwiebeln, Zucchini und Champignons dazugeben und im Eintopf kurz erhitzen. Rosmarin, Knoblauch und Oregano hinzufügen und einige Minuten ziehen lassen. Den Eintopf mit Chilisalz und Pfeffer würzen und etwas Zimt darüberreiben. Den Rosmarinzweig nach einigen Minuten wieder entfernen, den Eintopf warm halten.

4 Die Fischfilets waschen, trocken tupfen und in 1 bis 2 cm große Würfel schneiden. In einem Topf Salzwasser auf 80 °C erhitzen und die Fischstücke darin 2 bis 3 Minuten ziehen lassen. Mit dem Schaumlöffel herausnehmen und in vorgewärmte tiefe Teller verteilen. Den Eintopf darüber verteilen und jeweils mit Olivenöl beträufeln. Dazu passt knuspriges Weißbrot.

4 PERSONEN

1 kleine Zwiebel
1 Stange Staudensellerie
½ Fenchelknolle
½ Bund Frühlingszwiebeln
½ Zucchini
80 g kleine Champignons
1 kleiner Rosmarinzweig
1 TL Puderzucker
1 EL Tomatenmark
1 l Gemüsebrühe
200 g passierte Tomaten
(aus der Dose)
1 fein geriebene Knoblauchzehe
½ TL getr. Oregano
mildes Chilisalz
Pfeffer aus der Mühle
1 Stück Zimtrinde
500 g gemischte Fischfilets
(z. B. Forelle, Karpfen, Lachs-
forelle, Saibling, Waller, Zander)
Salz · 1–2 EL mildes Olivenöl

Tipp: Wer will, kann die Fischstücke auch direkt im Eintopf garen — dazu einfach kurz vor dem Servieren in den Eintopf geben und darin gar ziehen lassen. Wenn man sie separat in einem Topf mit Salzwasser gart, lässt sich die Garzeit besser kontrollieren.

Hechtenkraut „König Ludwig"

4 PERSONEN

FÜR DIE HECHT-NOCKERL

100 g gut gekühltes Hechtfilet
50 g gut gekühltes Zanderfilet
(ersatzweise Saibling- oder
Lachsfilet) · Salz
150 g gut gekühlte Sahne
½ TL scharfer Senf
Pfeffer aus der Mühle
frisch geriebene Muskatnuss
1 Msp. abgeriebene unbehandelte
Zitronenschale
1 Lorbeerblatt
2 dicke Knoblauchscheiben
2 Scheiben Ingwer
1 kleine getr. rote Chilischote

FÜR DIE GEWÜRZ-BRÖSEL

50 g Panko (asiat. Paniermehl)
20 g gemahlene Haselnusskerne
1 TL mildes Currypulver
ca. 1 TL mildes Chilisalz

FÜR DIE GARNELEN

8 Riesengarnelen (ungeschält;
Schalen für Sauce verwenden)
½ TL Öl · 1 Splitter Zimtrinde
1 Knoblauchzehe (in Scheiben)
3 cm Vanilleschote
mildes Chilisalz

ZUBEREITUNG

1   Für die Hechtnockerl die Fischfilets waschen, trocken tupfen, in Würfel schneiden und mit Salz würzen. Fischwürfel und Sahne etwa 5 Minuten ins Tiefkühlfach stellen, damit alle Zutaten eiskalt sind. Anschließend die Hälfte der Fischwürfel in den Blitzhacker geben, ¼ TL Senf hinzufügen und mit etwas Pfeffer, Muskatnuss und Zitronenschale würzen. Alles fein mixen und nach und nach 75 g Sahne in kleinen Portionen dazugeben, bis eine glatte und glänzende Farce entstanden ist. Die übrigen Fischwürfel und die restliche Sahne genauso verarbeiten.

2   In einem großen Topf reichlich Salzwasser erhitzen und Lorbeerblatt, Knoblauch, Ingwer und Chili hinzufügen. Aus der Farce mit zwei angefeuchteten Esslöffeln Nockerl formen und im Salzwasser knapp unter dem Siedepunkt etwa 8 Minuten gar ziehen lassen, bis zum Servieren darin warm halten.

3   Für die Gewürzbrösel inzwischen den Panko in einer Pfanne ohne Fett goldbraun rösten. Die Haselnüsse dazugeben und etwas mitrösten, bis sie zu duften beginnen und alles goldbraun ist. Die Brösel in eine Schüssel füllen, mit dem Currypulver verrühren und mit Chilisalz würzen, beiseitestellen.

4   Die Garnelen vollständig schälen und die Schalen für die Sauce beiseitelegen. Die Garnelen am Rücken entlang nicht zu tief einschneiden und den Darm entfernen, dann die Garnelen waschen und trocken tupfen.   (Fortsetzung nächste Seite)

Se(e)hnsucht

König Ludwig war ein echter Märchenkönig. Am liebsten schrieb er sein Tagebuch bei Mondenschein auf einem See. Vielleicht rührt daher seine Liebe zum Fisch, vor allem zum Hecht. Eines seiner Lieblingsgerichte war das Hechtenkraut.

> FORTSETZUNG Hechtenkraut „König Ludwig"

FÜR DIE SAUCE

Schalen der 8 Riesengarnelen
½ TL Puderzucker
½ Zwiebel (in kleinen Würfeln)
1 EL Karottenwürfel
⅓ Stange Staudensellerie
(in kleinen Würfeln)
1 TL Tomatenmark
3 Scheiben Ingwer
2 Knoblauchzehen (in Scheiben)
200 ml kräftige Gemüsebrühe
je 1 Streifen unbehandelte
Zitronen- und Orangenschale
1 Spritzer Wermut
(z. B. Noilly Prat)
1 TL Speisestärke · 80 g Sahne
½ TL mildes Currypulver
mildes Chilisalz

FÜR DIE KRAUT-
FLECKERL

5 Scheiben Frühstücksspeck
½ kleine Zwiebel
300 g junger Weißkohl
100 ml Hühnerbrühe
je 1 TL Petersilienblätter und
Dillspitzen (frisch geschnitten)
1 EL braune Butter (siehe S. 64)
mildes Chilisalz

5 Für die Sauce die Garnelenschalen waschen und trocken tupfen. In einem Topf bei milder Hitze mit dem Puderzucker etwas anrösten. Die Gemüsewürfel dazugeben und etwas andünsten. Das Tomatenmark hinzufügen und kurz mitdünsten. Ingwer, Knoblauch und Brühe dazugeben, Zitronen- und Orangenschale hinzufügen, Wermut dazugießen und alles knapp unter dem Siedepunkt etwa 15 Minuten ziehen lassen.

6 Die Speisestärke mit etwas kaltem Wasser glatt rühren, in die Sauce geben und köcheln lassen, bis diese sämig bindet. Zuletzt die Sahne dazugießen, die Sauce mit Curry und Chilisalz würzen und durch ein Sieb gießen, warm halten.

7 Für die Krautfleckerl den Speck in kleine Würfel schneiden. Die Zwiebel schälen und in feine Würfel schneiden. Vom Weißkohl die äußeren Blätter entfernen, den Kohl waschen und in feine Streifen schneiden, den harten Strunk entfernen.

8 Eine große tiefe Pfanne ohne Fett erhitzen und den Speck darin andünsten. Die Zwiebel dazugeben und etwas mitdünsten. Den Kohl hinzufügen und kurz andünsten. Die Brühe dazugießen und alles 5 bis 8 Minuten dünsten, bis die Flüssigkeit fast vollständig eingekocht ist, dabei ab und zu umrühren. Dann Petersilie, Dill und braune Butter hinzufügen und alles mit Chilisalz abschmecken.

9 Kurz vor dem Anrichten eine Pfanne bei mittlerer Temperatur erhitzen, das Öl mit einem Pinsel darin verstreichen und die Garnelen auf jeder Seite etwa 1 Minute anbraten. Zimt, Knoblauch und Vanille hinzufügen. Die Pfanne vom Herd nehmen, die Garnelen in der Nachhitze der Pfanne saftig durchziehen lassen und mit Chilisalz würzen, warm halten.

10 Zum Servieren die Nockerl mit dem Schaumlöffel aus dem Kochwasser heben, auf Küchenpapier abtropfen lassen und in den Gewürzbröseln wenden. Das Kraut auf vorgewärmte tiefe Teller verteilen, die Sauce darum herumträufeln und die Hechtnockerl mit den Garnelen darauf anrichten.

Tipp: Sie können die Fischnockerl auch nur aus Zanderfilet zubereiten. Hechtfilet gibt es mittlerweile nicht mehr in allen Fischgeschäften.

Casarecce mit Lachsforelle nach Kräuterer Art

ZUBEREITUNG

1 Für das Pesto die Petersilien- und Spinatblätter waschen und in kochendem Salzwasser ½ bis 1 Minute blanchieren. In ein Sieb abgießen, kalt abschrecken und abtropfen lassen. Die Blätter mit den Händen gut ausdrücken. Basilikum, Kerbel, Minze und Dill waschen, trocken tupfen und mit den Petersilien- und Spinatblättern grob schneiden.

2 Die Mandelblättchen in einer Pfanne ohne Fett leicht rösten, herausnehmen und etwas abkühlen lassen. Den Kräuter-Spinat-Mix mit Mandelblättchen, Parmesan, Knoblauch, Ingwer, Vanillemark, Zitronensaft, Öl, Olivenöl, etwas Chilisalz, Pfeffer und Zitronenschale im Blitzhacker oder in einem hohen Rührbecher mit dem Stabmixer zu einem feinkörnigen Pesto pürieren.

3 Für die Pasta die Nudeln in reichlich kochendem Salzwasser mit Ingwer und Chili etwa 4 Minuten kürzer als auf der Packung angegeben garen. In ein Sieb abgießen, abtropfen lassen und auf ein Backblech verteilen, dabei Ingwer und Chili wieder entfernen. Etwas ausdampfen lassen und mit dem Olivenöl mischen.

4 Die Brühe in einer tiefen Pfanne erhitzen. Die vorgegarten Nudeln dazugeben und etwa 2 Minuten garen, bis sie fast die gesamte Flüssigkeit aufgenommen haben. Dann etwa 2 EL Pesto hinzufügen und alles mit Chilisalz abschmecken. (Übriges Pesto gut verschlossen und mit 1 EL Olivenöl bedeckt im Kühlschrank aufbewahren.)

5 Währenddessen das Lachsforellenfilet waschen, trocken tupfen und in etwa 2 cm große Stücke schneiden. In einem Topf Salzwasser auf etwa 80 °C erhitzen. Die Lachsforellenstücke darin 2 bis 3 Minuten ziehen lassen, dann mit dem Schaumlöffel herausnehmen und abtropfen lassen. Mit Olivenöl bestreichen und mit Chilisalz würzen.

6 Zum Servieren die Casarecce mit Pesto auf vorgewärmte tiefe Teller verteilen und die Lachsforellenstücke darauf anrichten.

4 PERSONEN

FÜR DAS PESTO

je 2 Handvoll Petersilien- und Spinatblätter (à ca. 40 g) · Salz
je 1 Handvoll Basilikum- und Kerbelblätter
je 2 EL Minzeblätter und Dillspitzen
1 EL Mandelblättchen
1 EL geriebener Parmesan
1 kleine fein geriebene Knoblauchzehe
1 Msp. fein geriebener Ingwer
1 Msp. Vanillemark
1 Spritzer Zitronensaft
5 EL Öl · 5 EL mildes Olivenöl
mildes Chilisalz
Pfeffer aus der Mühle
1 Msp. abgeriebene unbehandelte Zitronenschale

FÜR DIE PASTA

400 g Caserecce (ersatzweise Penne oder Spirelli) · Salz
3 Scheiben Ingwer
2 kleine getr. rote Chilischoten
1–2 TL mildes Olivenöl
125 ml Hühnerbrühe
mildes Chilisalz

FÜR DIE LACHS-FORELLE

400 g Lachsforellenfilet · Salz
1 EL mildes Olivenöl
mildes Chilisalz

Offene Omeletts mit Salat und bayerischem Sushi

**2 OMELETTS
(À CA. 20 CM
DURCHMESSER)**

FÜR DIE OMELETTS

100 g Zucchini
100 g Datteltomaten
4 Eier · 4 EL Milch
1 TL Öl · mildes Chilisalz

FÜR DEN SALAT

1–2 Handvoll gemischte kleine
Salat- und Kräuterblätter
(z. B. Feldsalat, Rucola, Trevi-
sano-Spitzen, Basilikum, Dill,
Kerbel, Kresse, Minze und
Petersilie)
80 g Crevetten (in Lake)
1 Spritzer Zitronensaft
1 Msp. abgeriebene unbehandelte
Zitronenschale
1 TL mildes Olivenöl
Salz · Pfeffer aus der Mühle

FÜR DEN ZANDER

80 g Zanderfilet
einige Spritzer Zitronensaft
mildes Chilisalz

ZUBEREITUNG

1 Für die Omeletts den Backofengrill vorheizen und das Ofengitter auf die untere Schiene schieben. Die Zucchini putzen, waschen und in ½ bis 1 cm große Würfel schneiden. Die Tomaten waschen und längs halbieren. Die Eier mit der Milch in einer Schüssel verquirlen.

2 Eine ofenfeste Pfanne bei milder Temperatur erhitzen, ½ TL Öl mit einem Pinsel darin verstreichen, die Hälfte der Zucchini hineingeben und 1 bis 2 Minuten andünsten, mit Chilisalz würzen. Die Hälfte der Eiermischung in die Pfanne gießen und die Hälfte der Tomaten mit der Schnittseite nach oben darauflegen. Das Omelett auf dem Herd etwa 30 Sekunden anbacken lassen.

3 Dann das Omelett im Ofen auf der untersten Schiene 2 bis 3 Minuten fertig backen, bis es leicht aufgeht (soufliert) und innen durchgebacken ist. Herausnehmen und warm halten. Aus den restlichen Zutaten auf die gleiche Weise ein zweites Omelett zubereiten. Warm halten.

4 Für den Salat inzwischen die Salat- und Kräuterblätter waschen und trocken schütteln. Die Crevetten abtropfen lassen. Zitronensaft, -schale und Olivenöl in einer Salatschüssel gründlich verrühren. Das Dressing mit Salz und Pfeffer würzen und die Salat- und Kräuterblätter gründlich untermischen.

5 Das Zanderfilet waschen, trocken tupfen und sehr schräg in möglichst dünne Scheiben schneiden. Nebeneinander auf einen großen Teller legen, auf jeder Seite mit Zitronensaft beträufeln und mit Chilisalz würzen.

6 Zum Servieren die Omeletts jeweils halbieren, auf vorgewärmte Teller gleiten lassen und mit Chilisalz würzen. Den Salat mit den Crevetten darauf anrichten und die Zanderscheiben dekorativ darauflegen.

Ofenkartoffeln Resi mit Räucherforellen-Radieschen-Dip

ZUBEREITUNG

1 Für die Kartoffeln den Backofen auf 200 °C vorheizen. Die Kartoffeln waschen, trocken tupfen und mit etwas grobem Salz und ganzem Kümmel jeweils in ein Blatt Alufolie wickeln. Die Kartoffeln im Ofen auf der mittleren Schiene etwa 1 Stunde 10 Minuten weich garen.

2 Für den Dip inzwischen die geräucherten Forellenfilets in etwa 1 cm große Stücke schneiden. Die Radieschen putzen, waschen und in Stifte schneiden oder hobeln. Die Avocado halbieren und den Stein entfernen. Die Avocadohälften schälen und in Würfel schneiden.

3 Den Frischkäse mit Schmand, Milch, Sahnemeerrettich und den Kräutern glatt verrühren. Die Forellenstücke, die Radieschen und die Avocadowürfel hinzufügen und gut untermischen. Den Dip mit Salz, Pfeffer, Räucherpaprikapulver, 1 Prise Zucker und einigen Tropfen Zitronensaft kräftig würzen.

4 Die Kartoffeln aus dem Ofen nehmen und aus der Folie wickeln. Die Kartoffeln auf Teller setzen, längs einschneiden und die Hälften etwas auseinanderdrücken. Den Dip in den Kartoffeln verteilen.

Tipp: Für einen vegetarischen Dip, kann man die Forellenfilets einfach weglassen. Noch mehr Räuchergeschmack erhält man mit einer zusätzlichen Prise Räucherpaprikapulver.

4 PERSONEN

FÜR DIE KARTOFFELN

4 sehr große vorwiegend festkochende Kartoffeln (à ca. 200 g; ersatzweise 8 mittelgroße Kartoffeln)
1 EL grobes Meersalz
1 TL ganzer Kümmel

FÜR DEN DIP

2 geräucherte Forellenfilets (à ca. 100 g)
½ Bund Radieschen
1 reife Avocado
400 g Frischkäse (Doppelrahmstufe)
200 g Schmand · 4–5 EL Milch
3 EL Sahnemeerrettich
3 EL gemischte Kräuterblätter (z. B. Basilikum, Dill, Kerbel, Petersilie; frisch geschnitten)
Salz · Pfeffer aus der Mühle
½ TL Räucherpaprikapulver (Pimentón de la Vera picante)
Zucker · etwas Zitronensaft

Lindauer Forellenfilets blau auf Kartoffel-Ingwer-Salat

4 PERSONEN

FÜR DEN SALAT

1 kg vorwiegend festkochende
Kartoffeln · Salz
400 ml Gemüsebrühe
3 EL Weißweinessig
1 EL scharfer Senf
Pfeffer aus der Mühle
mildes Chilipulver · Zucker
1 kleine Zwiebel
40 g eingelegte Ingwerscheiben
mit 2 EL Einlegefond
2–3 EL braune Butter
(siehe S. 64)
12 dünne Frühlingszwiebeln
mildes Chilisalz

FÜR DIE FORELLE

1 l Gemüsebrühe
5 Scheiben Ingwer
1 TL angedrückte
Wacholderbeeren
1 TL schwarze Pfefferkörner
1 Lorbeerblatt
je 2 Dill- und Petersilienstiele
100 ml Weißweinessig
4 Forellenfilets (à ca. 100 g;
mit Haut, ohne Gräten)

FÜR DIE SAUCE

1 EL Puderzucker
100 ml trockener Weißwein
¼ l Gemüsebrühe · 100 g Sahne
2 TL Speisestärke
1 EL kalte Butter
Salz · mildes Chilipulver
2 EL Schnittlauchröllchen

ZUBEREITUNG

1 Für den Salat die Kartoffeln waschen und mit Schale in Salzwasser weich garen. Die Kartoffeln abgießen, kurz ausdampfen lassen, möglichst heiß pellen und in 4 bis 5 mm dicke Scheiben schneiden. Noch warm weiterverarbeiten.

2 Inzwischen für das Dressing 350 ml Brühe in einem Topf erhitzen, mit Essig und Senf verrühren und mit Salz und Pfeffer sowie je 1 Prise Chilipulver und Zucker würzen. 1 Handvoll Kartoffelscheiben hinzufügen und mit dem Stabmixer unterrühren. Dann das Dressing nach und nach unter die restlichen warmen Kartoffelscheiben mischen, bis die Flüssigkeit vollständig aufgesogen ist.

3 Die Zwiebel schälen, in feine Würfel schneiden und in einer Pfanne mit 100 ml Wasser weich garen, bis die Flüssigkeit eingekocht ist. Den Ingwer abtropfen lassen und klein schneiden. 2 EL braune Butter und die gedünstete Zwiebel mit dem Ingwer und dem Ingwereinlegefond unter den Kartoffelsalat mischen. Bis zum Servieren ziehen lassen.

4 Die Frühlingszwiebeln putzen und waschen, nur die weißen Stangen weiterverarbeiten, den dunklen Teil anderweitig verwenden. Die Frühlingszwiebeln in Salzwasser 2 bis 3 Minuten blanchieren, in ein Sieb abgießen, kalt abschrecken und abtropfen lassen. Zum Servieren in der restlichen Brühe erhitzen, die übrige braune Butter dazugeben und mit Chilisalz würzen.

5 Für die Forelle die Brühe mit Ingwer, Wacholderbeeren, Pfefferkörnern und Lorbeerblatt in einem Topf erhitzen, Dill- und Petersilienstiele dazugeben. Den Sud aufkochen, vom Herd nehmen und den Essig dazugießen, dann den Sud auf 80 °C abkühlen lassen. Die Forellenfilets waschen, trocken tupfen und im Sud 2 bis 3 Minuten saftig durchziehen lassen. Mit dem Schaumlöffel herausnehmen und warm halten.

6 Für die Schnittlauchsauce den Puderzucker in einem Topf bei milder Hitze hell karamellisieren, den Wein hinzufügen und auf ein Drittel einköcheln lassen. Die Brühe dazugießen und 1 bis 2 Minuten köcheln lassen. Dann die Sahne dazugeben und einmal aufkochen. Die Speisestärke mit wenig kaltem Wasser glatt rühren, in die Sauce geben und köcheln lassen, bis diese sämig bindet. Die kalte Butter mit dem Stabmixer unterrühren und die Sauce mit Salz und 1 Prise Chilipulver würzen. Zuletzt den Schnittlauch untermischen.

7 Den Kartoffel-Ingwer-Salat auf vorgewärmten Tellern anrichten und je 3 Frühlingszwiebeln längs darauflegen. Jeweils 1 Forellenfilet daraufsetzen, die Schnittlauchsauce darum herumträufeln und alles nach Belieben mit Dill und Schnittlauch garnieren.

Forelle in der Berchtesgadener Salzkruste mit Limettenbutter

ZUBEREITUNG

1 Den Backofen auf 200 °C vorheizen. Ein Backblech mit Backpapier auslegen. Die Forellen innen und außen kalt waschen, trocken tupfen und die Flossen entfernen. In die Bauchhöhle je 1 Zitronenscheibe, 1 Msp. Fenchel- und Pfefferkörner, 1 Lorbeerblatt, 2 Knoblauchscheiben und 1 Petersilienstiel geben.

2 Die Eiweiße in einer Rührschüssel mit den Quirlen des Handrührgeräts schaumig anschlagen und Meersalz, Mehl und Speisestärke untermischen. Aus etwa der Hälfte der Salzmasse vier Sockel in Forellengröße nebeneinander auf dem Blech formen. Die Fische mit Öl bestreichen, jeweils auf einen Salzbettsockel legen und mit der übrigen Salzmasse vollständig bedecken. Die Forellen in der Salzkruste im Ofen auf der mittleren Schiene etwa 40 Minuten garen.

3 Inzwischen für die Limettenbutter die braune Butter mit der Limettenschale sowie mit etwas Salz und Pfeffer in einer Schale verrühren.

4 Die Forellen aus dem Ofen nehmen, jeweils aus der Salzkruste klopfen oder mit einem Brotmesser einen Deckel von der Salzkruste abschneiden. Die Filets auslösen, auf vorgewärmten Tellern anrichten und die Limettenbutter darüberträufeln. Nach Belieben zusätzlich mit etwas Limettensaft beträufeln. Dazu passt buntes Gemüse oder gemischter Blattsalat.

4 PERSONEN

FÜR DIE FORELLE

4 Forellen (à ca. 300 g)
4 halbierte unbehandelte Zitronenscheiben
1 TL ganze Fenchelkörner
½ TL schwarze Pfefferkörner
4 kleine Lorbeerblätter
8 Scheiben Knoblauch
4 Petersilienstiele
7 Eiweiß
2,1 kg grobes Meersalz
45 g Mehl · 40 g Speisestärke
Öl für den Fisch

FÜR DIE LIMETTEN-BUTTER

100 g warme braune Butter
(siehe S. 64)
abgeriebene Schale von
1 unbehandelten Limette
Salz · Pfeffer aus der Mühle

Tipp: Sie können anstelle von Meersalz auch Steinsalz verwenden. Das Eiweiß in der Salzmasse bewirkt, dass beim Backen ein fester Teig entsteht, der sich später beim Servieren gut aufschneiden und vom Fisch abheben lässt.

Geflügel & Fleisch

Deftig, heftig – der zweite Höhepunkt

Über nichts wird in Bayern so viel diskutiert wie über die Frage, wo es wohl den besten Schweinsbraten gibt. Resch und saftig muss er im Reindl liegen, mit einer Kruste so mächtig, wie sich die Alpen über das Oberland erheben. Trotz aller Suppen und Vorspeisen – der Höhepunkt der bayerischen Küche ist und bleibt die Hauptspeise und da der Schweinsbraten.

„Fugger"-Nuggets

4 PERSONEN

FÜR DAS GEMÜSE

400 g grüner Spargel
2 Karotten · ½ Salatgurke
50 ml Gemüsebrühe
1 Knoblauchzehe (in Scheiben)
2 Scheiben Ingwer
1 EL kalte Butter · mildes Chilisalz

FÜR DIE CHILISAUCE (CA. 400 G)

1 geh. EL Speisestärke (ca. 15 g)
1 mittelscharfe rote Chilischote
50 g Zucker · 1 TL Salz
3 EL Weißweinessig
½ fein geriebene Knoblauchzehe
½ TL fein geriebener Ingwer
1 Msp. mildes Currypulver
1 EL Tomatenketchup

FÜR DIE NUGGETS

4 Hähnchenbrustfilets
(à ca. 150 g)
1 EL Brathähnchengewürz
(ersatzweise ¼ TL Salz, je 1 Prise
Chiliflocken, Knoblauch- und
Paprikapulver edelsüß, gemahlene
Fenchelkörner, Korianderkörner,
getr. Oregano und Rosmarin)
2 Eier · 2 EL Sahne
50 g Mehl · 50 g Cornflakes
50 g Weißbrotbrösel
Öl zum Ausbacken
mildes Chilisalz

ZUBEREITUNG

1 Für das Gemüse den Spargel waschen, nur im unteren Drittel schälen und die holzigen Enden entfernen. Die Stangen schräg in 5 bis 6 cm lange Stücke schneiden. Die Karotten putzen, schälen, längs vierteln und in 5 bis 6 cm lange Stücke schneiden. Die Gurke schälen, längs halbieren und die Kerne mit einem Teelöffel entfernen. Die Gurkenhälften erst in 5 bis 6 cm lange Stücke, dann in lange Stifte schneiden.

2 Spargel, Karotten und Brühe in eine große, tiefe Pfanne geben, mit einem Blatt Backpapier bedecken und das Gemüse knapp unter dem Siedepunkt 10 bis 12 Minuten ziehen lassen. Dann Knoblauch und Ingwer hinzufügen und die kalte Butter unterrühren. Vom Herd nehmen, die Gurkenstifte unterrühren und darin nur noch kurz erwärmen. Mit Chilisalz würzen, warm halten.

3 Für die süßscharfe Chilisauce die Speisestärke mit etwas kaltem Wasser glatt rühren. Die Chili längs halbieren, entkernen, waschen und in kleine Würfel schneiden. 375 ml Wasser mit Chili, Zucker, Salz, Essig, Knoblauch, Ingwer und Curry aufkochen, die Stärkemischung dazugeben und köcheln lassen, bis diese sämig bindet. Vom Herd nehmen, das Ketchup unterrühren und alles mit dem Stabmixer kräftig pürieren, dann abkühlen lassen.

4 Für die Nuggets die Hähnchenbrustfilets waschen, trocken tupfen, quer in etwa 1 cm dicke Scheiben schneiden und mit dem Brathähnchengewürz würzen. Die Eier in einen hohen Rührbecher füllen, die Sahne hinzufügen und alles mit dem Stabmixer verrühren, in einen tiefen Teller geben. Das Mehl in einen weiteren tiefen Teller geben. Die Cornflakes in einen Gefrierbeutel geben und mit dem Nudelholz zu Bröseln zerkleinern. Die Weißbrotbrösel mit den Cornflakes mischen und ebenfalls in einen tiefen Teller geben.

5 Die Hähnchenstücke erst im Mehl wenden, dann durch die Eiermischung ziehen und zuletzt im Weißbrot-Cornflakes-Mix wenden. Das Öl fingerhoch in eine Pfanne geben, bei mittlerer Temperatur erhitzen und die Hähnchenstücke darin auf jeder Seite etwa 3 Minuten knusprig goldbraun braten. Herausnehmen und auf Küchenpapier abtropfen lassen. Mit etwas Chilisalz würzen.

6 Das Gemüse auf vorgewärmte Teller oder in Schalen verteilen und die Hähnchen-Nuggets darauflegen. Die süßscharfe Chilisauce dazu reichen.

Kaisergröstl „Franz"

4 PERSONEN

FÜR DAS GRÖSTL

500 g kleine festkochende
Kartoffeln · Salz
250 g grüner Spargel
250 g weißer Spargel
(außerhalb der Saison nur
grüner Spargel)
50 ml Gemüsebrühe
120 g kleine Cocktailtomaten
1–2 TL Öl
1 Knolle junger Knoblauch
(geschält und in Scheiben)
mildes Chilisalz
1 EL Bratkartoffelgewürz
(ersatzweise gemahlener Kümmel
und getr. Majoran)
getr. Bohnenkraut
500 g Rinderfilet
(ersatzweise Rinderlende)
1 EL kalte Butter
1–2 TL Steak- und Grillgewürz

FÜR DEN KRÄUTERDIP

250 g griech. Joghurt (10 % Fett)
abgeriebene Schale von
1 unbehandelten Limette
1 EL gemischte Kräuterblätter
(z. B. Dill, Kerbel, Petersilie;
frisch geschnitten)
1 TL mildes Olivenöl
mildes Chilisalz · Zucker

AUSSERDEM

8 Wachteleier

ZUBEREITUNG

1   Für das Gröstl die Kartoffeln waschen und mit Schale in Salzwasser weich garen. Danach abgießen und kurz ausdampfen lassen, dann pellen, abkühlen lassen und längs vierteln.

2   Inzwischen den Spargel waschen, den weißen ganz, den grünen nur im unteren Drittel schälen und holzige Enden entfernen. Beide Sorten schräg in lange, ½ bis 1 cm dicke Scheiben schneiden. Den Spargel mit der Brühe in einen Topf geben, mit einem Blatt Backpapier bedecken und knapp unter dem Siedepunkt etwa 5 Minuten fast weich garen, warm halten. Die Tomaten waschen und halbieren.

3   Die Kartoffeln in einer Pfanne nach und nach in wenig Öl anbraten. Sobald die Kartoffeln anfangen zu bräunen, den Knoblauch hinzufügen. Mit Chilisalz, Bratkartoffelgewürz und 1 Prise Bohnenkraut würzen, warm halten.

4   Das Rinderfilet in 1 ½ bis 2 cm große Würfel schneiden. Eine weitere Pfanne bei mittlerer Temperatur erhitzen, ½ TL Öl mit einem Pinsel darin verstreichen und die Fleischwürfel rundum wenige Minuten anbraten. Die Würfel sollten innen noch schön rosa sein. Die kalte Butter hinzufügen und alles mit Steakgewürz und Chilisalz würzen, warm halten.

5   Für den Kräuterdip den Joghurt mit Limettenschale, Kräutern und Olivenöl verrühren und mit Chilisalz und 1 Prise Zucker würzen. Die Wachteleier in kochendem Wasser etwa 3 Minuten garen, kalt abschrecken, pellen und halbieren.

6   Das Kartoffel-Knoblauch-Gröstl auf vorgewärmten Tellern anrichten. Den Spargel und die Tomaten dazwischen verteilen. Die Fleischwürfel und Wachteleierhälften darauf verteilen und den Kräuterdip dazu reichen.

Tipp: Eine kurze Zeit im Frühjahr erhält man auf gut sortierten Gemüsemärkten sehr jungen Knoblauch, der so zart ist, dass er nicht in einzelne Zehen zerteilt werden muss. Einfach im Ganzen schälen und in Scheiben oder schmale Spalten schneiden. Außerhalb dieser kurzen Saison auch jungen Knoblauch schälen. Vom sehr jungen Knoblauch etwa die gleiche Menge wie Kartoffeln für das Gröstl verwenden und separat anbraten.

Powerfood für den Weltmeister
Der Kaiser Franz ist eine Lichtgestalt: Als Spieler Fußballweltmeister, als Trainer Weltmeister und die ganze Weltmeisterschaft hat er dann auch noch nach Deutschland geholt. So ein Kaiser verdient ein kaiserliches Gröstl: Jetzt schauen wir mal, dann sehen wir schon, ob's schmeckt.

Kotelett „Schmied von Kochel"

4 PERSONEN

FÜR DEN KARTOFFEL-ENDIVIEN-SALAT

1 kg festkochende Kartoffeln
Salz · 1 kleine rote Zwiebel
2–3 große Blätter Endiviensalat
150 g durchwachsener
Räucherspeck (in Scheiben)
5 Radieschen
350 ml Hühner- oder
Gemüsebrühe
3 EL Weißweinessig
1–2 TL scharfer Senf
mildes Chilisalz
Pfeffer aus der Mühle · Zucker
3 EL braune Butter (siehe S. 64)
1 EL Schnittlauchröllchen

FÜR DIE KOTELETTS

2 Eier · ca. 2 EL Sahne
ca. 5 EL doppelgriffiges Mehl
(Wiener Grießler)
½ TL Schweinebratengewürz
(ersatzweise je 1 Prise Kümmel
und getr. Majoran, 1 geriebene
Knoblauchzehe und etwas abgeriebene unbehandelte Zitronenschale)
mildes Chilisalz
30 g Weißbrotbrösel
30 g Panko (asiat. Paniermehl)
4 Schweinekoteletts (à ca. 250 g)
Öl zum Ausbacken

ZUBEREITUNG

1   Für den Kartoffel-Endivien-Salat die Kartoffeln waschen und mit Schale in Salzwasser weich garen. Danach abgießen und kurz ausdampfen lassen, möglichst heiß pellen, in dünne Scheiben schneiden und in eine Schüssel geben (noch heiß weiterverarbeiten).

2   Während die Kartoffeln garen, die Zwiebel schälen und in feine Würfel schneiden. Die Endiviensalatblätter waschen, trocken tupfen und in etwa ½ cm breite Streifen schneiden. Den Speck in Würfel schneiden und in einer Pfanne ohne Fett bei milder Hitze auslassen, dann in ein Sieb geben und abtropfen lassen. Die Radieschen putzen, waschen und in Scheiben hobeln.

3   Die Brühe erhitzen, mit Essig und Senf verrühren, mit Chilisalz, Pfeffer und 1 Prise Zucker würzen und 1 Handvoll Kartoffeln mit dem Stabmixer untermischen. Das Dressing nach und nach unter die übrigen Kartoffelscheiben mischen, bis die Flüssigkeit vollständig gebunden ist. Zuletzt die braune Butter mit Zwiebel, Endivienstreifen, Speck, Radieschen und Schnittlauch unterrühren.

4   Für die Koteletts den Backofen auf 140 °C vorheizen. Die Eier mit Sahne, Mehl, Schweinebratengewürz und Chilisalz in einen hohen Rührbecher geben und mit dem Stabmixer sämig pürieren, den Teig in eine Auflaufform geben. Die Weißbrotbrösel und den Panko mischen und in einen tiefen Teller geben.

5   Die Koteletts erst im Eierteig wenden, etwas abtropfen lassen und dann in den Bröseln wenden. In einer großen tiefen Pfanne bei mittlerer Temperatur etwa fingerhoch Öl erhitzen und die Koteletts darin auf jeder Seite goldbraun anbraten. Herausnehmen, auf ein Backblech legen und im Ofen auf der mittleren Schiene noch 10 Minuten garen.

6   Die Koteletts aus der Pfanne nehmen, auf vorgewärmten Tellern anrichten und nach Belieben mit Zitronenspalten garnieren oder mit Zitronensaft beträufeln. Den Kartoffel-Endivien-Salat daneben verteilen.

Wer der Schmied von Kochel war,
lesen Sie auf der nächsten Seite.

Schmied von Kochel → von Seite 80

Dichtung oder Wahrheit, Traum oder Wirklichkeit? Was ist dran an dem sagenhaften Schmied von Kochel? Fangen wir bei seinen letzten Worten an: „Lieber bayerisch sterben als kaiserlich verderben", soll er geschrien haben, bevor er seine zentnerschwere Keule packte und gegen die kaiserlichen Truppen der Habsburger in seine letzte Schlacht zog. Als Sendlinger Mordweihnacht geht dieser 25. Dezember 1705 in die Geschichtsbücher ein. Blutig, weil über 1100 aufständische Bauern starben, die München von den Österreichern befreien wollten. Sowohl die Kampfeskunst als auch das Ende des berühmt-berüchtigten Schmieds waren sagenhaft. Weil keiner der Feinde an ihn herankam, wurde er hinterrücks erschossen. Schlohweiß sein Haar stand er da in seinen Lederhosen und reckte stolz die bayerische Flagge gen Himmel, als er starb. Natürlich als Letzter.

ERINNERUNGEN AN EINEN BAYERISCHEN HELDEN

Zwei Denkmäler in München und Kochel sowie ein Deckengemälde in der Sendlinger Kirche St. Margaret erinnern heute noch an ihn. Ob es ihn auch wirklich gab? Beweise gibt es nicht, ein echter Bayer würde auf die Frage aber nur antworten: „Geh, warum hätte es den nicht geben sollen?"

Gefüllte Spanferkelbrust „Lola Montez"

4 PERSONEN

FÜR DIE FÜLLUNG

1 EL getr. Trompetenpilze
(ersatzweise getr. Steinpilze)
125 ml Hühnerbrühe · ½ Zwiebel
½ rotschaliger Apfel
1 geh. EL Pistazienkerne
1 EL Mandelblättchen
150 g altbackene Laugenstangen
(vom Vortag)
100 ml Milch · 2 Eier
mildes Chilisalz
frisch geriebene Muskatnuss
1 EL Petersilienblätter
(frisch geschnitten)
1 Msp. abgeriebene unbehandelte
Zitronenschale

FÜR FLEISCH UND SAUCE

1 ½ kg Spanferkelbrust
(küchenfertig; mit Schwarte)
300 ml Hühnerbrühe · Salz
1 Zwiebel · ½ Karotte
70 g Knollensellerie
1 TL Puderzucker
1 EL Tomatenmark
150 ml kräftiger Rotwein
2 Lorbeerblätter
1 Prise Korianderkörner
3 Pimentkörner
3 angedrückte Wacholderbeeren
1 Rosmarinzweig
2 Knoblauchzehen
(geschält und halbiert)
2 Scheiben Ingwer
1 TL Speisestärke

ZUBEREITUNG

1 Für die Füllung die Trockenpilze in der Brühe einmal aufkochen, vom Herd nehmen und 10 bis 15 Minuten ziehen lassen. In ein Sieb abgießen, die Brühe auffangen und für das Fleisch beiseitestellen. Die Trockenpilze abkühlen und abtropfen lassen, dann klein hacken. Die Zwiebel schälen, in feine Würfel schneiden und in einer Pfanne mit 100 ml Wasser weich garen, bis die Flüssigkeit eingekocht ist. Den Apfel waschen, halbieren, entkernen und in etwa ½ cm große Würfel schneiden. Die Pistazien grob hacken. Die Mandelblättchen in einer Pfanne ohne Fett hell rösten, herausnehmen und abkühlen lassen.

2 Die Laugenstangen in etwa 1 cm große Würfel schneiden. Die Milch aufkochen, nach und nach in die Eier rühren und mit Chilisalz und Muskatnuss würzen. Die Eiermilch über die Brezenwürfel gießen, locker mischen und 5 bis 10 Minuten ziehen lassen. Trockenpilze, Zwiebel, Apfelwürfel, Pistazien, Mandeln und Petersilie locker unterheben und alles mit Zitronenschale würzen.

3 Für Fleisch und Sauce den Backofen auf 130 °C vorheizen. In die Spanferkelbrust mit einem scharfen Messer vorsichtig eine Tasche einschneiden, mit der Knödelmasse füllen und mit Rouladennadeln verschließen. Die Brühe mit der Pilzeinweichbrühe in den Bräter gießen, die Spanferkelbrust mit der Schwarte nach unten hineinlegen und im Ofen auf der untersten Schiene 1 Stunde garen. Das Fleisch herausnehmen und die Schwarte gitterförmig einschneiden.

4 Die Ofentemperatur auf 160 °C erhöhen. Die Spanferkelbrust mit der Schwarte nach oben in den Bräter setzen und im Ofen auf der mittleren Schiene noch etwa 2 Stunden garen. Herausnehmen, den Bratsud abgießen und beiseitestellen. Die Ofentemperatur auf 220 bis 230 °C (nur Oberhitze) erhöhen. Die Spanferkelbrust auf ein Backblech setzen, die Schwarte mit etwas Salz bestreuen und im Ofen auf der untersten Schiene nochmals 20 Minuten kross braten. Anschließend warm halten.

5 Inzwischen für die Sauce Zwiebel, Karotte und Sellerie putzen und schälen, Zwiebel halbieren, Karotte schräg in Scheiben schneiden, Sellerie in ½ cm große Würfel schneiden. Den Puderzucker in einem Topf bei milder Hitze hell karamellisieren. Das Tomatenmark unterrühren und kurz mitdünsten. Den Wein dazugießen und sirupartig einköcheln lassen. Das Gemüse unterrühren, die abgegossene Brühe und den Bratsud aus dem Bräter dazugießen, die ganzen Gewürze hinzufügen, mit Salz würzen und alles 10 Minuten ziehen lassen. Dann die Sauce durch ein Sieb gießen und noch etwas einköcheln lassen. Die Speisestärke mit etwas kaltem Wasser glatt rühren, in die Sauce geben und köcheln lassen, bis diese sämig bindet.

6 Die Spanferkelbrust in Scheiben schneiden und mit Sauce und am besten mit Gemüse (siehe S. 91) auf vorgewärmten Tellern anrichten.

Mehr zur schönen Lola Montez
lesen Sie auf Seite 21.

Schweinsbratengipfel: Krustenbraten mit Kopfsalatpesto

4 BIS 6 PERSONEN

FÜR DEN KRUSTEN-BRATEN

1,2 kg Wammerl (Schweinebauch)
ca. 300 g Salz

FÜR DAS KOPFSALAT-PESTO

80 g Kopfsalatblätter
1 EL Mandelblättchen
1 Bund Petersilie
(ersatzweise 80 g Spinatblätter)
Salz
½ fein geriebene Knoblauchzehe
1 Msp. fein geriebener Ingwer
1 EL geriebener Parmesan
40 ml Gemüsebrühe
40 ml mildes Olivenöl
40 ml Rapsöl · mildes Chilisalz

FÜR DEN KRAUTSALAT

1 Kopf jungen Weißkohl
(500–600 g)
je ca. 1 TL Salz und Zucker
5 Radieschen · 1 Karotte
2 EL Weißweinessig
2 EL mildes Öl
1 EL Petersilienblätter
(frisch geschnitten)
mildes Chilisalz
¼ – ½ TL gemahlener Kümmel

ZUBEREITUNG

1   Für den Krustenbraten den Backofen auf 180 °C vorheizen. Den Schweine-bauch mit der Schwarte nach oben auf ein Backblech legen. Die Schwarte ½ bis 1 cm hoch mit Salz bedecken und im Ofen im unteren Drittel 2 Stunden braten.

2   Dann die Temperatur auf 230 °C Umluftgrill schalten (oder den Oberhitze-grill auf mittlerer Stufe dazuschalten). Das Salz entfernen und den Braten unter dem Backofengrill im unteren Drittel 10 bis 15 Minuten kross braten. Heraus-nehmen und warm halten.

3   Währenddessen für das Kopfsalatpesto die Salatblätter waschen und tro-cken tupfen. Die Mandelblättchen in einer Pfanne ohne Fett goldbraun rösten, herausnehmen und abkühlen lassen. Die Petersilie waschen und trocken tup-fen. Die Blätter abzupfen und in kochendem Salzwasser 2 Minuten blanchieren, in ein Sieb abgießen, kalt abschrecken und mit den Händen gut ausdrücken.

4   Salatblätter, Petersilie, Knoblauch, Ingwer, Parmesan, Mandelblättchen, Brühe, Olivenöl und Öl in einem hohen Rührbecher mit dem Stabmixer oder im Blitzhacker grobkörnig pürieren. Das Pesto mit Chilisalz abschmecken.

5   Für den Krautsalat vom Weißkohl die äußeren Blätter entfernen, den Kohl vierteln, in feine Streifen hobeln oder schneiden, dabei den harten Strunk entfer-nen. Den Kohl in einer Schüssel mit Salz und Zucker locker mischen und 10 bis 15 Minuten ziehen lassen.

6   Inzwischen die Radieschen putzen, waschen und in Scheiben hobeln. Die Karotte putzen, schälen und ebenfalls in Scheiben hobeln. Radieschen, Karotte, Essig und Öl unter das Kraut mischen, die Petersilie unterheben und den Salat mit Chilisalz und Kümmel würzen. Alles 10 bis 15 Minuten ziehen lassen, dann nochmals abschmecken.

7   Zum Servieren den Krustenbraten in Scheiben schneiden und auf vorge-wärmten Tellern anrichten. Den Krautsalat danebensetzen und das Pesto darum herumträufeln oder in kleinen Schälchen dazu reichen.

Der Braten-Wahnsinn

Das ist wirklich die Höhe. Bei diesem Gipfel treffen sich nicht die mächtigsten Staatschefs der Welt, sondern drei Schweinebraten, die unterschiedlicher nicht sein könnten, aber alle saugut schmecken. Das Trio besteht aus Krustenbraten, Bauernbratl und Schäufele.

Schweinsbratengipfel: Bauernbratl mit Blaukraut

4 BIS 6 PERSONEN

FÜR DEN BRATEN

3 große weiße Zwiebeln
1 Karotte · 150 g Knollensellerie
1 TL Puderzucker
1–2 TL Tomatenmark
150 ml Rotwein
400 ml Hühnerbrühe
1 ½ kg Schweinehals
1–2 TL Speisestärke
1 TL Schweinebratengewürz
(ersatzweise je ½ TL getr. Majoran und ganzer Kümmel sowie
1 Knoblauchzehe in Scheiben)
1 TL granulierte Trocken-
champignons (siehe Tipp;
ersatzweise getr. Champignons
in Scheiben)
2 Knoblauchzehen (in Scheiben)
1–2 Scheiben Ingwer
1 kleines Lorbeerblatt
1 Streifen unbehandelte
Zitronenschale
milde Chiliflocken · Salz

ZUBEREITUNG

1   Den Backofen auf 160 °C vorheizen. Für den Braten die Zwiebeln schälen, die Karotte und den Sellerie putzen und schälen. Die Zwiebeln in Spalten oder etwa 1 cm dicke Scheiben schneiden. Die Karotte längs und quer halbieren, den Sellerie erst in etwa 1 cm dicke Scheiben und dann diese in 3 cm große Stücke schneiden.

2   Den Puderzucker in einem Bräter bei milder Hitze hell karamellisieren. Das Tomatenmark hinzufügen und kurz mitdünsten. Den Wein dazugießen und sämig einköcheln lassen. Das Gemüse hinzufügen und die Brühe dazugießen. Den Schweinehals daraufsetzen und im Ofen auf der mittleren Schiene 3 ½ Stun-den garen, dabei zwischendurch mehrmals wenden. In der Zwischenzeit die ge-mischten Knödel und das Blaukraut zubereiten (beides siehe rechts).

3   Das Fleisch aus dem Bräter nehmen und warm halten. Den Bräter mit dem Saucenansatz bei mittlerer Hitze auf den Herd stellen. Die Speisestärke mit etwas kaltem Wasser glatt rühren, in die Sauce geben und köcheln lassen, bis sie leicht sämig bindet. Schweinebratengewürz, Trockenpilze, Knoblauch, Ing-wer, Lorbeerblatt, Zitronenschale, 1 Prise Chiliflocken und etwas Salz hinzu-fügen und alles noch 5 bis 10 Minuten ziehen lassen. Dann die Sauce durch ein Sieb in einen Topf gießen, das Gemüse dabei etwas ausdrücken und entfernen.

4   Das Bauernbratl in Scheiben schneiden und mit Bratensauce, Knödel und Blaukraut auf vorgewärmten Tellern anrichten.

Tipp: Wer will, schmort mit dem Wurzel-gemüse noch 600 g geschälte Mini-Kartoffeln mit und serviert sie als Beilage zum Bauern-bratl. Granulierte Trockenpilze werden nach dem Trocknen zerkleinert und müssen daher nach dem Ziehen nicht mehr gehackt werden.

5 Für die Knödel die Kartoffeln waschen und mit Schale in Salzwasser weich garen. Danach abgießen, kurz ausdampfen lassen und möglichst heiß pellen. Sofort durch die Kartoffelpresse drücken, auf einem großen Teller ausbreiten und ausdampfen lassen. Dann zugedeckt im Kühlschrank mehrere Stunden abkühlen lassen. Inzwischen die Brötchen in möglichst dünne Scheiben schneiden und in eine Schüssel geben. Die Milch aufkochen, über die Brötchenscheiben gießen und die Masse zugedeckt 5 Minuten ziehen lassen.

6 Die abgekühlten, durchgepressten Kartoffeln mit den eingeweichten Brötchen, Speisestärke, Grieß, Eiern, brauner Butter, jeweils etwas Salz, Pfeffer, Muskatnuss und Zitronenschale zu einem glatten Knödelteig verarbeiten. Aus dem Knödelteig mit angefeuchteten Händen 8 Knödel formen.

7 Für das Blaukraut vom Kohl die äußeren Blätter entfernen. Das Kraut vierteln und in nicht zu feine Streifen schneiden, den Strunk danach entfernen. Das Kraut in einer Schüssel mit Salz und Zucker mischen und 10 bis 15 Minuten ziehen lassen. Den Puderzucker in einem Topf bei milder Hitze hell karamellisieren, Portwein und Rotwein dazugießen und auf ein Drittel einköcheln lassen. Blaukraut und Brühe hinzufügen, das Ganze mit einem Blatt Backpapier bedecken und knapp unter dem Siedepunkt etwa 1½ Stunden mehr ziehen als köcheln lassen, dabei öfter umrühren.

8 Nach etwa 1 Stunde Garzeit das Lorbeerblatt hinzufügen und Piment, Pfeffer, Nelken, Zimt und Vanilleschote in einen Einwegteebeutel füllen. Das Säckchen verschließen und ebenfalls zum Blaukraut geben. Am Ende der Garzeit Schokolade, Apfelmus und Preiselbeeren unterrühren. Lorbeerblatt und Gewürzsäckchen wieder entfernen. Den Essig hinzufügen und das Kraut nochmals abschmecken.

9 Rechtzeitig zum Servieren in einem Topf Salzwasser zum Kochen bringen und Lorbeerblatt, Chili, Knoblauch und Ingwer hinzufügen. Die Knödel darin knapp unter dem Siedepunkt etwa 20 Minuten gar ziehen lassen. Mit der Schaumkelle herausnehmen und abtropfen lassen, warm halten.

Tipp: Wenn Sie das Blaukraut noch mit Portwein und Rotwein nachwürzen möchten, diese am besten vorher in einem Topf etwas einköcheln lassen.

FÜR DIE GEMISCHTEN KNÖDEL (8 STÜCK)

250 g mehligkochende Kartoffeln
Salz
100 g altbackene Brötchen
(vom Vortag)
90 ml Milch · 1 EL Speisestärke
20 g Hartweizengrieß · 2 Eier
1 EL flüssige braune Butter
(siehe S. 64)
Pfeffer aus der Mühle
frisch geriebene Muskatnuss
1 Msp. abgeriebene unbehandelte
Zitronenschale
1 Lorbeerblatt · 1 getr. Chilischote
1 Knoblauchzehe
(geschält und halbiert)
2 Scheiben Ingwer

FÜR DAS BLAUKRAUT (4 PERSONEN)

800 g Rotkohl
je 1 TL Salz und Zucker
1 EL Puderzucker
100 ml Portwein
200 ml kräftiger Rotwein
125 ml Gemüsebrühe
1 Lorbeerblatt · 5 Pimentkörner
½ TL schwarze Pfefferkörner
2 Gewürznelken
1 Splitter Zimtrinde
2 cm Vanilleschote
½ – 1 TL gehackte
Zartbitterschokolade
1 EL Apfelmus
1 EL Preiselbeerkompott
1 EL milder Aceto balsamico

Schweinsbratengipfel: Fränkische Schäufele

4 BIS 6 PERSONEN

FÜR DIE SCHÄUFELE

3 große Zwiebeln · 1 Karotte
150 g Knollensellerie
400 ml Hühnerbrühe
4–6 Schweinsschäufele nach
fränkischem Schnitt (nur der
obere Teil der Schweineschulter,
in dem das Schulterblatt steckt;
längs mit dem Blatt in ca. 8 cm
dicke Scheiben geschnitten,
mit Schwarte)
1 Knoblauchzehe (in Scheiben)
1 Scheibe Ingwer
½ – 1 TL getr. Majoran
½ TL ganzer Kümmel
milde Chiliflocken
(ersatzweise 1 kleine getr.
rote Chilischote)
1 Lorbeerblatt
1–2 TL Speisestärke · Salz

FÜR DIE KARTOFFEL-
KNÖDEL

500 g mehligkochende Kartoffeln
Salz · 1 kleine Zwiebel
120 g Frühstücksspeck
(am Stück)
40 g Speisestärke · 1 Eigelb
2 EL braune Butter (siehe S. 64)
frisch geriebene Muskatnuss

ZUBEREITUNG

1 Den Backofen auf 160 °C vorheizen. Für die Schäufele die Zwiebeln schälen, Karotte und Sellerie putzen und schälen. Die Zwiebeln in schmale Spalten, Karotte und Sellerie in Stifte (½–1 x 5–7 cm) schneiden. Das Gemüse mit der Brühe in einen Bräter geben. Die Schäufele mit der Schwarte nach unten dicht nebeneinander daraufsetzen und im Ofen auf der mittleren Schiene 1 Stunde garen. Dann die Fleischstücke wenden und 1 Stunde weiter garen.

2 Inzwischen für die Kartoffelknödel die Kartoffeln waschen und mit Schale in Salzwasser weich garen. Danach abgießen und kurz ausdampfen lassen, möglichst heiß pellen und durch die Kartoffelpresse drücken.

3 Währenddessen die Zwiebel schälen und in feine Würfel schneiden. Den Speck in Würfel schneiden und in einer Pfanne ohne Fett auslassen. Nach 1 bis 2 Minuten die Zwiebel hinzufügen und mit andünsten. Alles in ein Sieb geben und abtropfen lassen.

4 Die durchgepressten Kartoffeln mit Speisestärke, Eigelb, Speck, Zwiebel, brauner Butter, etwas Salz und Muskatnuss zu einem glatten Knödelteig verarbeiten. Ein Blatt starke Alufolie mit Frischhaltefolie belegen. Die Knödelmasse darauf zu einer länglichen Rolle (ca. 5 cm Durchmesser) formen. Erst in die Frischhaltefolie einrollen, dann in die Alufolie einwickeln. Die Enden der Alufolie erst etwas andrücken, dann so verdrehen, dass eine kompakte Rolle entsteht. Die Knödelrolle in einem entsprechend großen Topf mit leicht siedendem Wasser etwa 30 Minuten garen. Aus dem Wasser heben, aus der Folie wickeln und in Scheiben schneiden, warm halten.

5 Den Bräter aus dem Ofen nehmen und die Ofentemperatur auf 220 °C erhöhen. Die Schäufele in eine Auflaufform setzen und die Schwarte jeweils quer 5- bis 6-mal einritzen. Dann die Schäufele im Ofen auf der unteren Schiene noch etwa 30 Minuten kross braten.

6 Den Bräter mit dem Saucenansatz bei mittlerer Hitze auf den Herd stellen. Knoblauch, Ingwer, Majoran, Kümmel, 1 Prise Chiliflocken und Lorbeerblatt hinzufügen, 5 bis 10 Minuten ziehen lassen. Die Speisestärke mit wenig kaltem Wasser glatt rühren, in die Sauce geben und köcheln lassen, bis sie leicht sämig bindet. Einige Minuten ziehen lassen, dann alles durch ein Sieb in einen Topf gießen. Gemüse dabei ausdrücken und entfernen. Sauce mit Salz abschmecken.

7 Die Schäufele mit Sauce auf vorgewärmten Tellern anrichten und die Knödel dazu reichen. Die Knödel nach Belieben mit Bröselbutter beträufeln (dazu 2 EL Weißbrotbrösel in einer Pfanne mit 60 g Butter bei milder Hitze goldgelb rösten).

Schweinemedaillons „Prinzregent" mit kleinem Gemüse

ZUBEREITUNG

1 Für das Gemüse von den Mini-Karotten das Grün bis auf 1 cm entfernen, die Karotten putzen und schälen. Den Spargel waschen, im unteren Drittel schälen und die holzigen Enden entfernen. Die Spargelstangen schräg in etwa 3 cm lange Stücke schneiden. Den Kohlrabi putzen, schälen und in schmale Spalten schneiden.

2 Alle Gemüsesorten mit der Brühe in einen kleinen Topf geben, mit einem Blatt Backpapier bedecken und knapp unter dem Siedepunkt 8 bis 10 Minuten bissfest garen. Die Brühe darf dabei fast vollständig verkochen. Die kalte Butter unterrühren und das Gemüse mit Chilisalz würzen, warm halten.

3 Für die Medaillons beide Sesamsorten in einer Pfanne ohne Fett leicht rösten, bis sie nussig zu duften beginnen. Sofort aus der Pfanne nehmen und abkühlen lassen. Olivenöl, Limettensaft und -schale und etwas Chilisalz in einem tiefen vorgewärmten Teller verrühren.

4 Das Schweinefilet in etwa 1 cm dicke Scheiben schneiden. Eine große Pfanne bei mittlerer Temperatur erhitzen, das Öl mit einem Pinsel darin verstreichen und die Schweinefiletscheiben 1½ bis 2 Minuten anbraten. Die Scheiben wenden, Knoblauch und Ingwer hinzufügen und das Fleisch noch etwa 1½ Minuten weiterbraten. Die Pfanne vom Herd nehmen und das Fleisch in der Nachhitze der Pfanne saftig und nach Belieben leicht rosa durchziehen lassen. Zuletzt mit Chilisalz würzen.

5 Zum Servieren die Medaillons im warmen Würzöl wenden und mit dem gerösteten Sesam bestreuen. Das Gemüse auf vorgewärmte Teller verteilen und die Schweinemedaillons darauf anrichten.

4 PERSONEN

FÜR DAS GEMÜSE

1 Bund Mini-Karotten
½ Bund grüner Spargel
1 kleiner Kohlrabi
100 ml Gemüsebrühe
1 EL kalte Butter
mildes Chilisalz

FÜR DIE MEDAILLONS

je 1 TL weiße und schwarze
Sesamsamen
2 EL mildes Olivenöl
2 TL Limettensaft
abgeriebene Schale von
½ unbehandelten Limette
mildes Chilisalz
400 g Schweinefilet
½–1 TL Öl
2 Knoblauchzehen (in Scheiben)
4 Scheiben Ingwer

Schnitzel à la Strauß

4 PERSONEN

FÜR DAS GESCHNETZELTE

1 EL getr. Trompetenpilze
(ersatzweise getr. Champignons)
1 l kräftige Hühnerbrühe
1 Zwiebel · ½ Karotte
60 g Knollensellerie
1–2 TL Puderzucker
1 EL Tomatenmark
¼ l kräftiger Rotwein
2–3 TL Speisestärke
1 Lorbeerblatt
1 kleine getr. rote Chilischote
2 Knoblauchzehen (in Scheiben)
5 Scheiben Ingwer
3 cm Vanilleschote
2 Streifen Zitronenschale
150 g Sahne
800 g Straußenfilet (aus der
Keule; ersatzweise Rinderrücken)
½ TL Öl
5 Kaffeebohnen
mildes Chilisalz

FÜR DAS KARTOFFEL-BIRNEN-PÜREE

1 kg mehligkochende Kartoffeln
Salz
¼ l Milch · 1 EL Butter
2 EL braune Butter (siehe S. 64)
frisch geriebene Muskatnuss
1 feste, reife Birne

FÜR DIE BOHNEN

200 g breite Bohnen · Salz
½ Zwiebel
getr. Bohnenkraut
1–2 TL kalte Butter
mildes Chilisalz

ZUBEREITUNG

1 Für die Sauce die Trockenpilze mit 100 ml Brühe einmal aufkochen, vom Herd nehmen und 10 bis 15 Minuten ziehen lassen. Die Pilze in ein Sieb abgießen, den Sud dabei auffangen und für die Sauce beiseitestellen. Die Pilze abtropfen lassen und etwas kleiner hacken.

2 Zwiebel schälen, Gemüse putzen, schälen und in 4 bis 5 mm große Würfel schneiden. Puderzucker in einer großen tiefen Pfanne bei milder Hitze hell karamellisieren. Tomatenmark unterrühren und kurz mitdünsten. Wein dazugießen und sämig einkochen lassen. Gemüse und Zwiebel hinzufügen, die übrige Brühe mit der Pilzeinweichbrühe dazugießen und alles aufkochen. Die Speisestärke mit wenig kaltem Wasser glatt rühren, in die Brühe geben und köcheln lassen, bis diese sämig bindet. Lorbeer, Chili, Knoblauch, Ingwer, Vanille, Zitronenschale und Sahne hinzufügen und alles noch 10 bis 15 Minuten leicht köcheln lassen. Durch ein Sieb in einen Topf gießen, das Gemüse ausdrücken und entfernen.

3 Währenddessen für das Kartoffel-Birnen-Püree die Kartoffeln waschen und mit Schale in Salzwasser weich garen. Danach abgießen und kurz ausdampfen lassen, möglichst heiß pellen und durch die Kartoffelpresse drücken.

4 Das Straußenfleisch waschen, trocken tupfen und quer zur Faser in 1 bis 1½ cm dicke Scheiben schneiden. Eine Pfanne bei mittlerer Temperatur erhitzen, das Öl mit einem Pinsel darin verstreichen und das Fleisch auf jeder Seite je 2½ bis 3 Minuten anbraten, bis Fleischsaftperlen austreten, warm halten. Den Bratensatz erst mit etwas Sauce ablösen, dann mit übriger Sauce mischen.

5 Die Kaffeebohnen in einer Pfanne ohne Fett leicht rösten, bis sie zu duften beginnen. Die Trockenpilze mit den Kaffeebohnen in die Sauce geben und darin einige Minuten ziehen, aber nicht kochen lassen. Die Kaffeebohnen zum Servieren wieder entfernen und die Sauce mit Chilisalz würzen, warm halten.

6 Für das Püree die Milch erhitzen und mit einem Kochlöffel unter die durchgepressten Kartoffeln rühren, Butter und braune Butter untermischen. Das Püree mit Salz und Muskatnuss würzen. Die Birne schälen, vierteln, entkernen, in kleine Würfel schneiden und unter das Püree rühren, warm halten.

7 Die Bohnen putzen, waschen und schräg in etwa 1½ cm breite Stücke schneiden. In Salzwasser 6 bis 8 Minuten gerade weich garen, in ein Sieb abgießen, kalt abschrecken und abtropfen lassen. Die Zwiebel schälen, in feine Würfel schneiden und in einem Topf ohne Fett bei milder Hitze etwas andünsten. Die Bohnen mit 1 Prise Bohnenkraut hinzufügen und darin erhitzen. Zuletzt die kalte Butter hinzufügen und alles mit Chilisalz würzen.

8 Die Fleischscheiben mit Chilisalz würzen, auf vorgewärmten Tellern anrichten und mit etwas Sauce überziehen. Püree und Bohnen daneben anrichten.

Schnitzel „Steyrer Hans"

4 PERSONEN

FÜR DIE SCHNITZEL

2 Handvoll Blattspinat
1 Bund Petersilie · Salz
40 g Bergkäse · ¼ Zwiebel
3 Scheiben Frühstücksspeck
1 EL Walnusskerne · ⅛ Birne
je ½ TL Fenchel-, Koriander- und
schwarze Pfefferkörner für die
Gewürzmühle
2 Eier · 2 EL Sahne
½ TL Dijon-Senf
80 g doppelgriffiges Mehl
(Wiener Grießler)
200 g Weißbrotbrösel
8 kleine dünne Kalbsschnitzel
(à ca. 60 g; aus der Oberschale)
mildes Chilisalz · ca. 150 ml Öl
80 g braune Butter (siehe S. 64)
1 Rosmarinzweig
1 kleine getr. rote Chilischote
1 Knoblauchzehe (in Scheiben)
1 Splitter Zimtrinde

FÜR DEN SALAT

65 ml Gemüsebrühe
1 EL Zitronensaft · 1 EL Öl
1 EL Kürbiskernöl
mildes Chilisalz · Zucker
frisch geriebene Muskatnuss
150–200 g gemischte Blattsalate
(z. B. Castelfranco, Chicorée,
Feldsalat, Frisée, Kopfsalat,
Novita, Radicchio, Romana)

AUSSERDEM

1 kleine Stange Lauch
(nur der feste Teil) · Salz
200 g Blumenkohl
1 rote Paprikaschote
1 TL Öl · mildes Chilisalz

ZUBEREITUNG

1   Für die Schnitzelfüllung den Spinat verlesen, die Petersilie von den groben Stielen zupfen. Beides waschen und in kochendem Salzwasser 1 Minute blanchieren, in ein Sieb abgießen, kalt abschrecken und abtropfen lassen. Das Wasser ausdrücken und alles klein hacken. Den Käse in ½ cm große Würfel schneiden. Die Zwiebel schälen, in feine Würfel schneiden und in einer Pfanne mit 100 ml Wasser weich garen, bis die Flüssigkeit eingekocht ist. Den Speck in kleine Würfel schneiden und in einer Pfanne ohne Fett bei milder Hitze auslassen, in ein Sieb geben und abtropfen lassen. Die Walnüsse grob hacken. Das Birnenstück waschen, entkernen und in ½ cm große Würfel schneiden.

2   Fenchel, Koriander und Pfeffer in eine Gewürzmühle füllen. Die Eier in einem hohen Rührbecher mit Sahne und Senf mischen, mit den Gewürzen aus der Mühle würzen und mit dem Stabmixer verrühren. In einen tiefen Teller geben. Mehl und Weißbrotbrösel ebenfalls jeweils in einen tiefen Teller geben. Die Schnitzel nebeneinander auf die Arbeitsfläche legen, mit Chilisalz würzen und den Petersilienspinat mittig darauf verteilen. Käse, Zwiebel, Speck, Walnüsse und Birne daraufstreuen und die Schnitzel darüber jeweils zusammenklappen. Die Schnitzel nacheinander erst im Mehl wenden, dabei überschüssiges Mehl abklopfen. Dann durch die Eiermischung ziehen und zuletzt in den Weißbrotbröseln wenden, ohne diese zu fest anzudrücken. Das Öl in einer tiefen Pfanne erhitzen und die Schnitzel darin bei mittlerer Hitze erst auf einer Seite goldbraun backen. Dann wenden, falls nötig, etwas Öl dazugeben, und die andere Seite braten. Herausnehmen und auf Küchenpapier abtropfen lassen, warm halten.

3   Für den Salat die Brühe mit Zitronensaft, Öl und Kürbiskernöl verrühren, mit Chilisalz, 1 Prise Zucker und Muskatnuss würzen. Salatblätter waschen, trocken schleudern, in mundgerechte Stücke zupfen und mit dem Dressing mischen.

4   Lauch putzen, waschen und schräg in ½ bis 1 cm breite Ringe schneiden. In Salzwasser bissfest garen, in ein Sieb abgießen, kalt abschrecken und abtropfen lassen. Blumenkohl in Röschen zerteilen und in Salzwasser bissfest garen. In ein Sieb abgießen, kalt abschrecken und abtropfen lassen. Paprika halbieren, entkernen, waschen und in 1½ bis 2 cm große Rauten schneiden. Eine Grillplatte bei mittlerer Temperatur erhitzen und das Öl mit einem Pinsel darauf verstreichen. Blumenkohl, Lauch und Paprika auf der Grillplatte auf jeder Seite grillen (alternativ in einer Grillpfanne braten). Herausnehmen und mit Chilisalz würzen.

5   Zum Servieren die Pfanne von den Schnitzeln säubern, die braune Butter mit Rosmarin, Chili, Knoblauch und Zimtsplitter darin leicht erhitzen und die Schnitzel auf jeder Seite nochmals kurz für das Aroma nachgaren. Dann auf vorgewärmten Tellern anrichten, nach Belieben mit Zitronenspalten garnieren oder mit Zitronensaft beträufeln. Den Salat und das Gemüse daneben anrichten.

Mehr zum bayerischen Herkules lesen Sie auf der nächsten Seite.

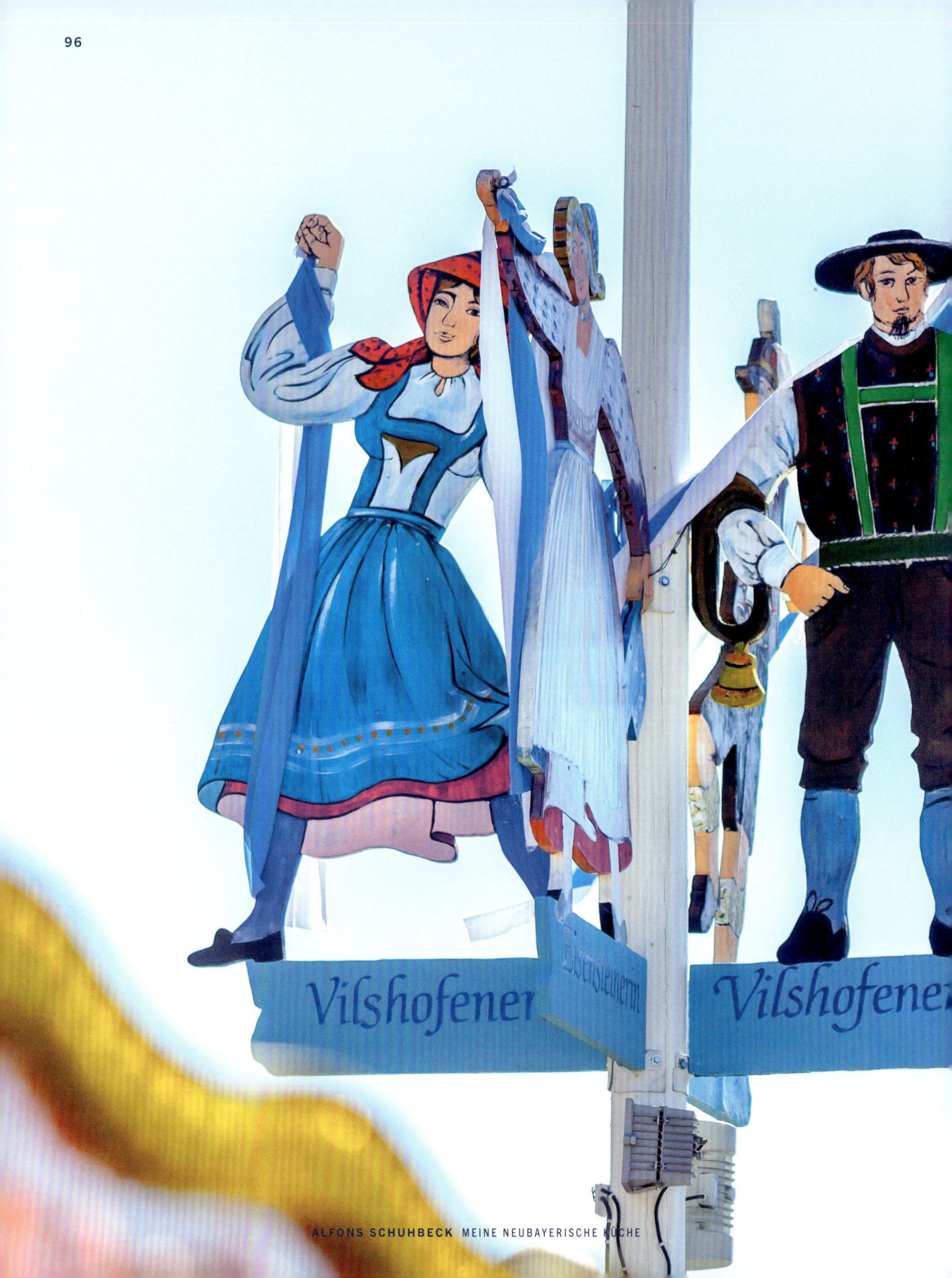
Vilshofener
Vilshofener

Steyrer Hans → von Seite 94

Der bayerische Herkules Hans Steyrer beim Gewichtheben.

Man nannte ihn den bayerischen Herkules und so sah er auch aus: Größe: 1,70 Meter, Gewicht: 130 Kilogramm und ein Schnurrbart so groß, als hätte er ein Oachkatzl (ein Eichhörnchen) geschnupft. Geboren wurde Johann Baptist Steyrer in Allach anno 1849 als Sohn eines Metzgers. Als solcher trainierte er sich seine unglaubliche Kraft auch mit dem Heben von Schweine- und Rinderhälften an. Den „Stolz von Giesing" nannten sie ihn und schließlich machte er aus seinem Talent Geld. Er stemmte sich im Zirkus quer durch Europa, lupfte einmal einen 528 Pfund schweren Steinbrocken allein mit dem Mittelfinger. Mit dem Ruhm kam das Geld und mit dem Geld machte der Steyrer Hans das „Wirtshaus zum bayerischen Herkules" in der Lindwurmstraße in München auf. Und durfte dann als Krönung seiner Karriere sogar mit einem eigenen Zelt auf das Oktoberfest.

UND WO IST DAS DENKMAL?

Weil der Steyrer die Inszenierung liebte, spannte er die Rösser an und fuhr mit all seinen Bedienungen und Schankburschen quer durch die Stadt auf die Wiesn. Trotz des Ärgers wegen „groben Unfugs" und einer saftigen Geldstrafe ließ er sich den Spaß in den nächsten Jahren nicht nehmen. Die anderen Wirte taten ihm das gleich. Bis heute.

Aber: Fast alle bayerischen Helden haben ihr Denkmal. Nur ausgerechnet derjenige nicht, der den Wirteeinzug auf dem Oktoberfest erfunden hat. Und deshalb gibt es jetzt zumindest ein kulinarisches Ehrenmal: das Schnitzel „Steyrer Hans".

Wiesnhaxn vom Kalb

4 PERSONEN

FÜR DAS KARTOFFEL-BOHNEN-GRÖSTL

800 g festkochende Kartoffeln
Salz · 1 Zwiebel
200 g breite Bohnen
1 Frühlingszwiebel
2 EL braune Butter (siehe S. 64)
1 EL Dillspitzen
(frisch geschnitten)
mildes Chilisalz

FÜR DIE HAXN

2 Zwiebeln · 1 kleine Karotte
120 g Knollensellerie
1 TL Puderzucker
1 EL Tomatenmark
150 ml Rotwein
½ l Hühnerbrühe
1 hintere Kalbshaxe
(ca. 3 kg; mit Knochen;
küchenfertig)
1 EL Speisestärke
1 Lorbeerblatt
½ TL schwarze Pfefferkörner
1 kleine getr. rote Chilischote
2 Knoblauchzehen (in Scheiben)
3 Scheiben Ingwer
1 Streifen unbehandelte
Zitronenschale
1 Rosmarinzweig
Pyramidensalz (ersatzweise
anderes Fleur de Sel oder
gewöhnliches Salz)
milde Chiliflocken

ZUBEREITUNG

1 Für das Kartoffel-Bohnen-Gröstl die Kartoffeln waschen und mit Schale in Salzwasser weich garen. Danach abgießen, kurz ausdampfen lassen und heiß pellen, dann mehrere Stunden abkühlen lassen.

2 Inzwischen für die Haxn den Backofen auf 160 °C vorheizen. Die Zwiebeln schälen und in etwa 1 cm große Würfel schneiden. Karotte und Sellerie putzen, schälen und in etwa 1 cm große Würfel schneiden. Den Puderzucker in einer tiefen Pfanne bei milder Hitze hell karamellisieren. Das Tomatenmark hinzufügen und kurz mitdünsten. 75 ml Wein dazugießen und sirupartig einkochen lassen. Den übrigen Wein dazugießen, ebenfalls einkochen lassen und die Brühe dazugießen.

3 Den Saucenansatz und das Gemüse in einen großen Bräter oder auf ein tiefes Backblech verteilen. Die Kalbshaxe waschen, trocken tupfen und auf das Gemüse setzen. Mit einem Deckel oder mit Alufolie bedecken und im Ofen auf der mittleren Schiene 4 ½ Stunden schmoren, dabei mehrmals wenden. Nach etwa 2 Stunden Garzeit den Deckel oder die Folie entfernen und die Kalbshaxe immer wieder mit der Sauce begießen. Danach die Kalbshaxe aus dem Bräter nehmen und warm halten.

4 Den Bräter mit dem Saucenansatz bei mittlerer Hitze auf den Herd stellen. Die Speisestärke mit wenig kaltem Wasser glatt rühren, in die Sauce geben und köcheln lassen, bis diese sämig bindet. Lorbeerblatt, Pfefferkörner und Chili dazugeben und die Sauce bei mittlerer Hitze etwas einköcheln lassen. Knoblauch, Ingwer, Zitronenschale und Rosmarin hinzufügen und einige Minuten in der Sauce ziehen lassen. Dann alles durch ein Sieb in einen Topf gießen, dabei das Gemüse gut ausdrücken und entfernen.

5 Währenddessen für das Kartoffel-Bohnen-Gröstl die abgekühlten Kartoffeln in ½ cm dicke Scheiben schneiden. Die Zwiebel schälen und in feine Würfel schneiden. Die Bohnen putzen, waschen und schräg in 1 bis 1 ½ cm breite Stücke schneiden. Die Bohnen in Salzwasser gerade weich garen, in ein Sieb abgießen, kalt abschrecken und abtropfen lassen. Die Frühlingszwiebel putzen, waschen und in dünne Scheiben schneiden.

6 Die Kartoffeln in einer großen Pfanne in 1 TL brauner Butter bei milder Hitze auf einer Seite goldbraun anbraten. Wenden, die Zwiebel dazugeben und etwas mitdünsten. Die Bohnen mit Dill und Frühlingszwiebel hinzufügen und erhitzen. Die übrige braune Butter dazugeben und alles mit Chilisalz würzen.

7 Die Kalbshaxe in dünne Scheiben schneiden und mit Pyramidensalz und Chiliflocken würzen. Das Gröstl mittig auf vorgewärmte Teller verteilen, die Kalbshaxenscheiben dazulegen und die Sauce darum herumträufeln.

Rinderrouladen „Mia san mia"

4 PERSONEN

FÜR DIE ROULADEN

1 Toastbrotscheibe
80 g gekochter Hinterschinken
80 g Essiggurken
je 1 EL Karotten- und Zucchini-
würfel (ca. ½ cm Kantenlänge)
Salz · 150 g Kalbsbrät
1–2 TL scharfer Senf · 2 EL Sahne
1 Msp. abgeriebene unbehandelte
Zitronenschale · mildes Chilisalz
4 Scheiben Rinderrücken (ohne
Fettrand, à ca. 100 g) · 1 EL Öl

FÜR SAUCE UND GEMÜSE

1 Zwiebel · 1 Karotte
120 g Knollensellerie
1 TL Puderzucker
1 EL Tomatenmark
150 ml kräftiger Rotwein
3 Pimentkörner
¼ TL Korianderkörner
½ TL schwarze Pfefferkörner
3 cm Vanilleschote
1 Zacken Sternanis
1 Splitter Zimtrinde
1 kleines Lorbeerblatt
400 ml Hühnerbrühe
2 Scheiben Schwarzgeräuchertes
1 geh. TL Speisestärke
2 Knoblauchzehen (in Scheiben)
6 Scheiben Ingwer
1 Streifen unbehandelte
Zitronenschale
2–3 EL g kalte Butter
mildes Chilisalz
1 Bund grüner Spargel
4 getr. Softaprikosen
50 ml Gemüsebrühe
3 cm Vanilleschote

ZUBEREITUNG

1   Für die Rouladen das Toastbrot nochmals quer auseinanderschneiden, so-dass 2 dünne Scheiben entstehen, und diese in kleine Würfel schneiden. Die Brotwürfel in einer Pfanne ohne Fett oder auf einem Backblech im auf 150 °C vorgeheizten Backofen goldbraun rösten, herausnehmen und abkühlen lassen. Den Schinken in etwa ½ cm große Würfel schneiden. Die Essiggurken in klei-ne Würfel schneiden. Die Karotten in 50 ml Salzwasser mit geschlossenem De-ckel etwa 10 Minuten weich dünsten. In ein Sieb abgießen und abkühlen lassen.

2   Das Kalbsbrät mit Senf und Sahnd glatt rühren und mit Zitronenschale und Chilisalz würzen. Brotwürfel, Schinken, Essiggurken, Karotten und Zucchini unterrühren. Die Fleischscheiben zwischen zwei Lagen geölter Frischhaltefolie etwas dünner klopfen. Das Brät darauf streichen, dabei die Ränder frei lassen und nach innen schlagen. Das Fleisch von der schmalen Seite her aufrollen und mit Rouladennadeln feststecken. Eine Pfanne bei mittlerer Temperatur erhitzen, das übrige Öl mit einem Pinsel darin verstreichen und die Rouladen bei milder Hitze rundum anbraten, herausnehmen und beiseitestellen.

3   Für die Sauce Zwiebel, Karotte und Sellerie putzen, schälen und in ½ cm große Würfel schneiden. Puderzucker in einem Bräter bei milder Hitze hell kara-mellisieren, Tomatenmark unterrühren und kurz mitdünsten. Wein dazugießen und sämig einkochen lassen. Gemüse mit Piment, Koriander, Pfeffer, Vanille, Sternanis, Zimt und Lorbeerblatt dazugeben, Brühe dazugießen, die Speck-scheiben hinzufügen und alles erhitzen. Die Speisestärke mit wenig kaltem Was-ser glatt rühren, in die Sauce geben und köcheln lassen, bis diese sämig bindet.

4   Die Rouladen in die Sauce legen, mit einem Blatt Backpapier bedecken und knapp unter dem Siedepunkt etwa 20 Minuten weich schmoren. Dabei nach 15 Minuten 1 Knoblauchzehe, 2 Ingwerscheiben und Zitronenschale dazugeben und mitziehen lassen. Die Rouladen aus der Sauce nehmen, die Nadeln ent-fernen und die Rouladen warm stellen. Die Sauce durch ein Sieb in einen Topf gießen, das Gemüse etwas ausdrücken und entfernen. 1 bis 2 EL kalte Butter unter die Sauce rühren, mit Chilisalz würzen und Rouladen darin warm halten.

5   Für das Gemüse den Spargel waschen, im unteren Drittel schälen und die holzigen Enden entfernen. Die Spargelstangen schräg halbieren. Die Aprikosen vierteln oder in Streifen schneiden. Spargel und Brühe in eine große tiefe Pfanne geben, mit einem Blatt Backpapier bedecken und knapp unter dem Siedepunkt 8 bis 10 Minuten bissfest dünsten. Gegen Ende der Garzeit Vanille, übrigen Knob-lauch und Ingwer dazugeben und etwas mitziehen lassen. Mit Chilisalz würzen, übrige kalte Butter unterrühren und zum Servieren die Aprikosen hinzufügen.

6   Die Rouladen schräg halbieren, mit der Sauce auf vorgewärmten tiefen Tellern anrichten und das Gemüse danebensetzen.

Reindlbraten „Bayerischer Hias"

4 PERSONEN

FÜR DEN BRATEN

1½ kg flache Rinderschulter
(Schaufelbug)
2 Zwiebeln · 1 kleine Karotte
100 g Knollensellerie
1 TL Puderzucker
1 EL Tomatenmark
350 ml kräftiger Rotwein
½ l Hühnerbrühe
1–2 TL Speisestärke
je ½ TL Piment- und schwarze
Pfefferkörner
1 Splitter Zimtrinde
5 angedrückte Wacholderbeeren
1 Lorbeerblatt
1 Knoblauchzehe
(geschält und halbiert)
2 Scheiben Ingwer
je 1 Streifen unbehandelte
Zitronen- und Orangenschale
40 g kalte Butter · mildes Chilisalz

FÜR DAS PÜREE

1 kg mehligkochende Kartoffeln
Salz · ¼ l Milch
1 EL Bratkartoffelgewürz
(ersatzweise gemahlener Kümmel
und getr. Majoran)
1 EL kalte Butter
2 EL braune Butter (siehe S. 64)
mildes Chilisalz

FÜR DIE PILZE

400 g gemischte Pilze
(z. B. Champignons, Pfifferlinge,
Steinpilze)
je ½ TL Fenchel-, Koriander- und
schwarze Pfefferkörner und ganzer
Kümmel für die Gewürzmühle
1 EL kalte Butter · mildes Chilisalz

ZUBEREITUNG

1 Für den Braten den Backofen auf 160 °C vorheizen. Vom Fleisch mit einem scharfen Messer die äußeren Sehnen entfernen. Zwiebeln, Karotte und Sellerie putzen, schälen und in 1 cm große Würfel schneiden.

2 Den Puderzucker in einem Bräter bei milder Temperatur hell karamellisieren. Das Tomatenmark unterrühren und kurz mitdünsten. Den Wein dazugießen und sirupartig einkochen lassen. Das Gemüse hinzufügen, die Brühe dazugießen und die Rinderschulter daraufsetzen. Alles mit einem Blatt Backpapier bedecken und im Ofen auf der untersten Schiene etwa 3½ Stunden garen, dabei ab und zu wenden. (Alternativ auf dem Herd schmoren, dabei die Temperatur so einstellen, dass die Sauce knapp siedet.)

3 Den Bräter mit den Saucenansatz bei mittlerer Hitze auf den Herd stellen. Das Fleisch aus der Sauce nehmen und beiseitestellen. Die Speisestärke in wenig kaltem Wasser glatt rühren, in die Sauce geben und köcheln lassen, bis diese leicht sämig bindet. Piment, Pfeffer, Zimt, Wacholder, Lorbeerblatt, Knoblauch, Ingwer und Zitronen- und Orangenschale hinzufügen und 5 Minuten in der Sauce ziehen lassen. Die Sauce durch ein Sieb in einen Topf gießen, dabei das Gemüse etwas ausdrücken und entfernen. Die kalte Butter in Würfeln unterrühren und die Sauce mit Chilisalz abschmecken. Den Braten in Scheiben schneiden und in der Sauce bis zum Servieren warm halten.

4 Für das Püree die Kartoffeln waschen und mit Schale in Salzwasser weich garen. Danach abgießen und kurz ausdampfen lassen, möglichst heiß pellen und durch die Kartoffelpresse drücken. Die Milch erhitzen und mit einem Kochlöffel unter die durchgepressten Kartoffeln rühren. Mit dem Bratkartoffelgewürz würzen und kalte und braune Butter untermischen. Das Püree mit Chilisalz würzen, warm halten.

5 Für die Schwammerl die Pilze putzen und trocken abreiben (Pfifferlinge, falls nötig, waschen und trocken tupfen), größere Pilze etwas zerkleinern. Fenchel, Koriander, Pfeffer und Kümmel in eine Gewürzmühle füllen. Eine Pfanne bei mittlerer Temperatur erhitzen und die Schwammerl darin ohne Fett einige Minuten anbraten. Mit den Gewürzen aus der Mühle würzen, die kalte Butter unterrühren und alles mit Chilisalz würzen.

6 Die Bratenscheiben auf vorgewärmten Tellern anrichten und mit der Sauce überziehen. Das Püree daneben anrichten und die Pilze auf das Fleisch setzen.

(Nicht nur) für die kleinen Leute

Geboren wurde der zweite bayerische Robin Hood (der andere ist ja der Räuber Kneißl, siehe Seite 43) als Matthias Klostermayr. Gestorben ist er als Legende, als der bayerischer Hias. Ein Wildschütz, der den einfachen Leuten geholfen hat. Ihm zu Ehren gibt es den Reindlbraten Bayerischer Hias.

Rehfilet „Jäger vom Fall" mit Entenlebermousse

4 PERSONEN

FÜR DIE MOUSSE

½ Blatt Gelatine
6 EL roter Portwein
150 g Entenleber
1 EL Butter · getr. Majoran
Quarte Èpices (ersatzweise je
1 Prise Pfeffer, Muskatnuss,
Gewürznelke, gemahlener Zimt,
Ingwer und Koriander)
mildes Chilipulver · 1 EL Cognac
1 TL Apfel- oder Quittengelee
je 1 Streifen unbehandelte
Orangen- und Zitronenschale
200 g Sahne · Salz

FÜR DAS GELEE

1 ½ Blatt Gelatine · 20 g Zucker
100 ml roter Portwein
50 ml Cognac

FÜR DAS REHFILET

je 1 TL schwarze Pfeffer-, Piment-
und Korianderkörner für die
Gewürzmühle
8 Rehfilets (à ca. 60 g) · ½ TL Öl
3 EL braune Butter (siehe S. 64)
5 angedrückte Wacholderbeeren
2 Scheiben Ingwer
1 Streifen unbehandelte
Orangenschale · mildes Chilisalz

AUSSERDEM

1 Quitte (ca. 450 g)
2 EL Zucker
gemahlener Zimt
1 EL Heidelbeeren oder
6 reife Brombeeren

ZUBEREITUNG

1 Für die Entenlebermousse die Gelatine in kaltem Wasser einweichen. Den Portwein auf etwa 1 EL einkochen und abkühlen lassen. Die Leber putzen, waschen, in 2 cm große Stücke schneiden und in einer Pfanne in der Butter bei milder Hitze 1 bis 2 Minuten rosa braten. Mit je 1 Prise Majoran, Quarte Èpices und Chili würzen und mit Cognac ablöschen. Gelee, eingekochten Portwein und Zitrusschalen hinzufügen. 120 g Sahne unterrühren, alles vom Herd nehmen und mit Salz würzen. Kurz ziehen lassen und die Zitrusschalen wieder entfernen.

2 Die Gelatine ausdrücken und in die warme Mischung rühren. Alles in einem hohen Rührbecher mit dem Stabmixer oder im Mixer pürieren, durch ein feines Sieb streichen und bei Zimmertemperatur abkühlen lassen. Die übrigen 80 g Sahne halbsteif schlagen und unter die Entenlebermasse rühren. Nochmals mit Salz, Quatre Épices und Chili abschmecken. Vier Dessertringe (à ca. 8 cm Durchmesser) auf einen mit Folie oder Backpapier belegten Teller stellen und die Mousse darin verteilen. Im Kühlschrank 1 bis 2 Stunden durchkühlen lassen.

3 Inzwischen für das Gelee die Gelatine einweichen. Zucker, Portwein und Cognac in einem Topf bei milder Hitze aufkochen. Vom Herd nehmen, Gelatine ausdrücken und in der heißen Flüssigkeit auflösen. Das Gelee auf Zimmertemperatur abkühlen lassen. Die Formen mit der Mousse aus dem Kühlschrank nehmen und das abgekühlte, aber noch flüssige Gelee in einer max. ½ cm hohen Schicht auf die Mousse gießen. Nochmals mindestens 30 Minuten kühl stellen.

4 Für das Rehfilet den Backofen auf 100 °C vorheizen. Auf die mittlere Schiene ein Ofengitter und darunter ein Abtropfblech schieben. Pfeffer, Piment und Koriander in eine Gewürzmühle füllen. Die Filets waschen und trocken tupfen. Eine Pfanne bei mittlerer Temperatur erhitzen, das Öl mit einem Pinsel darin verstreichen und die Filets bei mittlerer Hitze auf jeder Seite anbraten. Herausnehmen und auf dem Gitter im Ofen noch etwa 10 Minuten rosa durchziehen lassen. (Alternativ in der Pfanne fertig braten.) Herausnehmen und beiseitestellen.

5 Für das Mus die Quitte schälen, vierteln, entkernen und klein schneiden. Mit 125 ml Wasser, Zucker und 1 Prise Zimt in einem Topf mit geschlossenem Deckel 20 bis 30 Minuten weich dünsten. Die Flüssigkeit sollte dabei fast vollständig einkochen, am Ende den Deckel abnehmen. Alles pürieren und in einen Spritzbeutel mit Lochtülle füllen. Die braune Butter mit Wacholder, Ingwer und Orangenschale in einer Pfanne bei milder Hitze erwärmen, mit den Gewürzen aus der Mühle und Chilisalz würzen. Die Rehfilets darin erwärmen. Die Mousse aus den Ringen lösen, auf Teller setzen, mit Quittenmus und mit gewaschenen Beeren garnieren. Rehfilet schräg in Stücke schneiden und darauflegen.

Rehragout „Jennerwein"

4 PERSONEN

FÜR DAS REHRAGOUT

750 g Rehfleisch
(aus der Schulter)
1 TL Puderzucker
1 EL Tomatenmark
¼ l kräftiger Rotwein
2 Zwiebeln, ½ Karotte und
80 g Knollensellerie (jeweils
in ½ cm großen Würfeln)
600 ml Hühnerbrühe
1–2 TL Speisestärke
1 EL Johannisbeergelee
1 TL geraspelte Zartbitter-
schokolade
½ TL Wildgewürz zum Braten und
Grillen (ersatzweise Gewürzmühle
mit 1 Lorbeerblatt, 5 angedrück-
ten Wacholderbeeren, ½ TL
schwarzen Pfeffer-, ¼ TL Korian-
der- und 5 Pimentkörnern)
Salz · 1–2 TL Aceto balsamico

FÜR DEN REHRÜCKEN

400 g Rehrückenfilet · ½ TL Öl
50 g Panko (asiat. Paniermehl)
20 g gemahlene Haselnusskerne
½–1 TL Wildgewürz (siehe oben)
ca. 1 TL mildes Chilisalz
2 EL braune Butter (siehe S. 64)

FÜR DAS PÜREE

750 g Knollensellerie
1 kleine mehligkochende Kartoffel
(ca. 80 g) · 150 ml Milch
je 1 EL braune und kalte Butter
mildes Chilisalz
frisch geriebene Muskatnuss

AUSSERDEM

4 Scheiben Frühstücksspeck

ZUBEREITUNG

1   Für das Rehragout das Rehfleisch waschen, trocken tupfen und von groben Sehnen befreien. Das Fleisch in etwa 1 ½ bis 2 cm große Würfel schneiden. Den Puderzucker in einem Topf bei milder Hitze hell karamellisieren. Das Tomaten-mark unterrühren und kurz mitdünsten. Den Wein dazugießen und sämig ein-köcheln lassen. Das Rehfleisch mit dem Gemüse dazugeben und mit der Brühe aufgießen. Mit einem Blatt Backpapier bedecken und das Fleisch knapp unter dem Siedepunkt 1 ¼ Stunden weich schmoren.

2   Die Sauce durch ein Sieb in einen Topf gießen, Fleisch und Gemüse beisei-testellen. Die Speisestärke mit etwas kaltem Wasser glatt rühren, in die Sauce geben und köcheln lassen, bis diese sämig bindet. Johannisbeergelee und Schokolade unterrühren und die Sauce mit Wildgewürz, Salz und etwas Essig würzen, warm halten. Zum Servieren das Fleisch und nach Belieben auch das Gemüse wieder in der Sauce erwärmen.

3   Für den Rehrücken den Backofen auf 100 °C vorheizen. Auf die mittlere Schiene ein Ofengitter und darunter ein Abtropfblech schieben. Das Filet wa-schen und trocken tupfen. Eine Pfanne bei mittlerer Temperatur erhitzen, das Öl mit einem Pinsel darin verstreichen und das Rehrückenfilet rundum kurz anbra-ten. Auf das Ofengitter legen und im Ofen 50 Minuten rosa durchziehen lassen.

4   Inzwischen für die Brösel den Panko in einer Pfanne ohne Fett goldbraun rösten. Sobald die Brösel leicht gebräunt sind, die Haselnüsse dazugeben und etwas mitrösten, bis sie fein zu duften beginnen und alles goldbraun ist. Die Bröselmischung in eine Schüssel füllen, das Wildgewürz unterrühren und mit Chilisalz würzen. Zum Servieren den fertigen Rehrücken mit der braunen Butter rundum bestreichen und in den Gewürzbröseln wenden, warm halten.

5   Für das Püree den Sellerie putzen, schälen und in kleine Würfel schneiden. Die Kartoffel schälen und in kleine Würfel schneiden. Die Milch in einem Topf er-hitzen und Sellerie- und Kartoffelwürfel darin mit geschlossenem Deckel etwa 20 Minuten weich garen. Die Gemüsewürfel mit dem Schaumlöffel herausneh-men und mit dem Stabmixer pürieren, dabei so viel Kochflüssigkeit wie nötig hin-zufügen. Die braune und die kalte Butter unterrühren und das Püree mit Chilisalz und etwas Muskatnuss abschmecken, warm halten.

6   Die Speckscheiben in einer Pfanne ohne Fett bei milder Hitze knusprig bra-ten, herausnehmen und auf Küchenpapier abtropfen lassen.

7   Das Rehragout auf vorgewärmten Tellern anrichten, den Rehrücken schräg in Scheiben schneiden und danebenlegen. Je 2 Nocken Selleriepüree dane-bensetzen und die Speckscheiben ins Püree stecken. Nach Belieben mit je 50 g kernlosen hellen und dunklen Trauben, die man in einer Pfanne in 1 bis 2 TL But-ter kurz erhitzt, sowie mit 1 bis 2 EL Walnusskernen garnieren.

Mehr zum Mythos Girgl Jennerwein
lesen Sie auf der nächsten Seite.

Georg Jennerwein → von Seite 106

Das Grab vom Wildschützen Georg Jennerwein auf dem Westenhofener Friedhof.

„Es war ein Schütz in seinen besten Jahren, er wurde weggeputzt von dieser Erd. Man fand ihn erst am neunten Tage bei Tegernsee am Peißenberg." Das Andenken an den Wildschützen Georg Jennerwein ist nicht nur im gleichnamigen Lied lebendig, auch an seinem Todestag wird dem am 6. November 1877 in den Schlierseer Bergen verstorbenen Volkshelden heute noch gehuldigt. Da hängt schon mal eine Patronenhülse oder das Geweih einer gewilderten Gams am Grabkreuz. Dass der Wilderer Jennerwein zur Legende wurde, liegt daran, wie man die Leiche des noch nicht mal 30-jährigen Wildschützen gefunden hat: Seine rechte große Zeh steckte im Abzug des Gewehrs, der Unterkiefer war zertrümmert. Aber auch der Rücken wies eine — wenn auch nicht tödliche — Schussverletzung auf. Hatte der Weiberheld bei der Falschen gefensterlt? Wurde er von seinem Spezl umgebracht — oder war es doch Selbstmord?

WO LIEGEN DIE GEBEINE WIRKLICH?

Das Geheimnis liegt in einem Grab auf dem Westenhofener Friedhof. Wo das Originalgrab genau ist, weiß heute keiner mehr, denn weil keiner der ehrenhaften Gemeinderatsmitglieder neben einem Kriminellen liegen wollte, wurde es vor über 100 Jahren verlegt. Unbekannt verzogen. Wie kann man einen Wilderer kulinarisch ehren? Das liegt quasi auf der Hand bzw. vor der Linse: eigentlich nur mit einem Rehragout.

Desserts & Mehlspeisen

Das Beste am Schluss

In der bayerischen Küche gibt's nicht einfach ein Dessert. Sondern mindestens eine Nachspeise, wenn nicht sogar eine Mehlspeise. Letztere kann so mächtig sein, dass sie sogar eine Hauptspeise ersetzen kann. So ein Kaiserschmarrn hat schon manch guten Esser an den Rande der Kapazität gebracht. Und das Beste ist: Mehlspeisen darf man auch in der Fastenzeit genießen.

Lebkuchenmousse „Dürer"

4 PERSONEN

FÜR DIE LEBKUCHEN-MOUSSE

2 ½ Blatt Gelatine · 3 Eigelb
60 g Zucker
1 TL Lebkuchengewürz (ca. 4 g)
2 EL Rum · 300 g Sahne
2 EL geraspelte Zartbitter-schokolade

FÜR DIE PUNSCH-SAUCE

2 TL Speisestärke
100 ml kräftiger Rotwein
30 ml Orangensaft
40 ml Kirschsaft
40 ml Portwein · 2 EL Zucker
½ TL Glühweingewürz
1 TL Honig
je 1 Msp. abgeriebene unbe-handelte Zitronen- und Orangenschale
12 Dörrpflaumen

AUSSERDEM

Minzespitzen zum Garnieren

ZUBEREITUNG

1 Für die Lebkuchenmousse die Gelatine in kaltem Wasser einweichen. Die Eigelbe mit dem Zucker hellschaumig aufschlagen und das Lebkuchengewürz unterrühren. Den Rum erwärmen, die Gelatine gut ausdrücken, im warmen Rum auflösen und unter die Eigelbmasse rühren.

2 Die Sahne nicht zu steif schlagen und ein Drittel davon mit einem Schnee-besen in die Eigelbmasse rühren. Den Rest mit einem Teigschaber vorsichtig unterheben. Die Mousse in einen Spritzbeutel ohne Tülle füllen und damit ab-wechselnd mit den Schokospänen auf vier Dessertgläser verteilen. Die Mousse im Kühlschrank etwa 1 Stunde gut durchziehen lassen.

3 Inzwischen für die Punschsauce die Speisestärke mit 2 EL Rotwein glatt rühren. Den übrigen Rotwein mit Orangensaft, Kirschsaft, Portwein und Zucker in einem Topf verrühren und aufkochen. Die angerührte Speisestärke in die Wein-mischung geben und noch 2 Minuten köcheln lassen, bis diese sämig bindet.

4 Den Topf vom Herd nehmen und das Glühweingewürz mit dem Honig unter-rühren. Zitronen- und Orangenschale dazugeben und darin 5 Minuten ziehen lassen. Die Sauce durch ein Sieb in einen Topf gießen, die Dörrpflaumen hinzu-fügen und die Sauce abkühlen lassen.

5 Zum Servieren die Minze waschen und trocken tupfen. Die Dörrpflaumen mit der Sauce auf der Mousse verteilen und mit Minzespitzen garnieren.

Tipp: Das Aroma der Mousse lässt sich leicht variieren, zum Beispiel wenn Sie etwas Zimt anstelle des Lebkuchengewürzes hinzufügen. Das Glühweingewürz lässt sich nach Belieben durch 1 Zimtstange, 1 Vanilleschote, 1 Zacken Sternanis, 1 Gewürznelke, 3 Scheiben Ingwer und 2 angedrückte Kardamomkapseln ersetzen.

Wie vom Christkindlesmarkt

Die Italiener haben ihren Michelangelo, die Bayern Albrecht Dürer. Beide waren Erfinder, Maler und Wissenschaftler von Weltrang. Dürer lebte in Nürnberg und die Frankenmetropole war zur damaligen Zeit ein wichtiger Handelsknoten für Gewürze. Nürnberg, Lebkuchen, Dürer – Lebkuchenmousse „Dürer".

Arme Ritter Grünwald

4 PERSONEN

FÜR DIE SAUCE

1 reife Birne
200 ml Holunderbeersaft
(reiner Saft bzw. Muttersaft)
1 TL Vanillezucker
1 Splitter Zimtrinde
1 Gewürznelke
1 Scheibe Ingwer
1 Streifen unbehandelte
Orangenschale · 40 g Zucker
1–2 EL Orangensaft
1–2 TL Speisestärke
1 Spritzer Zitronensaft

FÜR DIE RITTER

160 g Mini-Milchbrötchen
(ca. 4 Stück)
100 g Powidl (Pflaumenmus)
50 g Zucker
¼ TL gemahlener Zimt
gemahlene Gewürznelken
gemahlener Kardamom
2 Eier · 100 ml Milch
Mark von ½ Vanilleschote
5 EL Butterschmalz zum
Ausbacken

AUSSERDEM

Minzespitzen zum Garnieren
Puderzucker zum Bestäuben

ZUBEREITUNG

1   Für die Holunder-Birnen-Sauce die Birne schälen, vierteln, entkernen und in Würfel schneiden. Den Holunderbeersaft mit den Birnenwürfeln in einen kleinen Topf geben. Vanillezucker, Zimt, Gewürznelke, Ingwer, Orangenschale und Zucker hinzufügen. Alles offen knapp unter dem Siedepunkt etwa 10 Minuten mehr ziehen als köcheln lassen, bis die Birnenwürfel weich sind.

2   Dann die ganzen Gewürze wieder entfernen und den Orangensaft dazugießen. Die Speisestärke mit wenig kaltem Wasser glatt rühren, in die Sauce geben und köcheln lassen, bis diese sämig bindet. Mit etwas Zitronensaft und nach Belieben noch etwas Zucker abschmecken. Anschließend die Sauce lauwarm abkühlen lassen.

3   Inzwischen für die armen Ritter die Milchbrötchen in etwa ½ cm dicke Scheiben schneiden. Die Hälfte der Scheiben vollständig mit Powidl bestreichen und mit jeweils 1 unbestrichenen Scheibe bedecken. Den Zucker mit Zimt und je 1 Prise Nelken und Kardamom in einem tiefen Teller mischen.

4   Die Eier mit der Milch und dem Vanillemark in einer Schüssel verquirlen. Das Butterschmalz in einer Pfanne erhitzen. Die doppelten Milchbrötchenscheiben auf jeder Seite kurz in die Eiermilch tauchen, etwas abtropfen lassen und im Butterschmalz bei milder Hitze auf jeder Seite goldbraun ausbacken. Herausnehmen, auf Küchenpapier abtropfen lassen und noch heiß im Gewürzzucker wenden, warm halten.

5   Zum Servieren die Minzespitzen waschen und trocken tupfen. Die armen Ritter auf vorgewärmten Desserttellern anrichten und die Sauce darum herumträufeln. Mit Minzespitzen garnieren und mit Puderzucker bestäuben. Nach Belieben Vanilleeis dazu servieren.

> Mehr zu den Rittern auf der Burg Grünwald
> lesen Sie auf der nächsten Seite.

Burg Grünwald → von Seite 114

„Zu Grünwald drunt' im Isartal, glaubt es mir, es war einmal, da ham edle Ritter g'haust, dene hat's vor gar nix graust." Ja so waren sie, die alten Rittersleute, zumindest in den Augen von Karl Valentin, der diesen Text geschrieben hat, und in der musikalischen Interpretation der seinerzeit recht erfolgreichen Band „Hot Dogs". Dieses Lied ist vermutlich auch der Grund, warum die kleine, aber feine Grünwalder Burg dann doch über ihren eigentlich nur lokalen Berühmtheitsgrad als Jagdschloss der Wittelsbacher, Pulverdepot und Gefängnis hinausgekommen ist.

DESHALB IST DER FREISTAAT WEISS-BLAU

Auch wenn die alten Rittersleut „gesoffen haben aus den Eimern Wein und Bier", so waren sie doch als die Soldaten der Herrscher anerkannt. Damit man sie im Schlachtgetümmel auseinanderhalten konnte, trugen sie farbige Wappen. Weiß-blau waren die Ritter des Herzogs von Bayern. Daher auch unsere Landesfarben. Und die wiederum dienen als kulinarische Anregung für die sauren Zipfel „Weiß-blau" (siehe Seite 36).

Apfelpfannkuchen „Münchner im Himmel"

4 PERSONEN

2 Eier · 150 g Mehl · ¼ l Milch
½ TL abgeriebene Zitronenschale
1 Msp. Zimtpulver
Mark von ½ Vanilleschote
1 EL Rum
2 EL warme braune Butter
(siehe S. 64)
3 EL Zucker · Salz
2 säuerliche Äpfel
(z. B. Boskop oder Braeburn)
2 EL grob gehackte Walnusskerne
Puderzucker zum Bestäuben

AUSSERDEM

125 g gemischte Beeren
(z. B. Brom-, Erd-, Heidel-,
Him- und Johannisbeeren)
4 Minzespitzen zum Garnieren

ZUBEREITUNG

1   Den Backofen auf 200 °C vorheizen. Die Eier trennen. Das Mehl mit der Milch glatt rühren und die Eigelbe mit Zitronenschale, Zimt, Vanillemark und Rum unterrühren. 1 EL warme braune Butter unterrühren. Die Eiweiße mit 2 EL Zucker und 1 Prise Salz zu cremigem Schnee schlagen. Ein Drittel des Eischnees mit einem Schneebesen unter die Mehl-Milch-Masse rühren, den Rest mit einem Teigschaber vorsichtig unterheben.

2   Die Äpfel vierteln, schälen, entkernen und die Viertel in schmale Spalten schneiden. Die übrige braune Butter in zwei ofenfesten Pfannen (à ca. 20 cm Durchmesser) bei milder Hitze erwärmen, den übrigen Zucker gleichmäßig darüberstreuen und je die Hälfte des Teigs hineingießen. Jeweils die Hälfte der Apfelspalten gleichmäßig darauf verteilen, mit Walnüssen bestreuen und den Teig an der Unterseite beinahe farblos anbacken.

3   Anschließend die Pfannkuchen nacheinander im Ofen auf der mittleren Schiene 10 bis 12 Minuten backen. Aus dem Ofen nehmen und auf vorgewärmte Teller stürzen, großzügig mit Puderzucker bestäuben und mit einem Flambierbrenner goldbraun karamellisieren.

4   Die Beeren verlesen, waschen und trocken tupfen. Die Minzespitzen ebenfalls waschen und trocken tupfen. Die Pfannkuchen in Tortenstücke schneiden, gleichmäßig auf Teller verteilen und mit den Beeren und Minzespitzen garnieren.

Sweets statt Manna

Für den Münchner ist es selbst im Himmel nicht schön, wenn er frohlocken muss und zum Essen nur Manna bekommt. Für eine Münchnerin ist es dort oben ebenfalls nicht angenehm, wenn es nichts Süßes gibt. Deshalb eine Anregung für Petrus: Apfelpfannkuchen „Münchner im Himmel", dann bleiben auch alle gerne oben.

Aprikosen-Himbeer-Kuchen „Da schau her"

4 PERSONEN

FÜR DEN MÜRBETEIG

200 g weiche Butter
100 g Puderzucker
Mark von ½ Vanilleschote
abgeriebene Schale von
1 ½ unbehandelten Zitronen
Salz · 1 Ei · 250 g Mehl

FÜR DIE EIERSAHNE

125 g Sahne
125 g Frischkäse
(Doppelrahmstufe)
2 Eier · 50 g Zucker
1 Msp. Vanillemark
½ TL abgeriebene unbehandelte
Orangenschale

AUSSERDEM

weiche Butter für die Form
Mehl zum Ausrollen
ca. 500 g getr. Hülsenfrüchte
zum Blindbacken
50 g Biskuitbrösel
(ersatzweise Weißbrotbrösel)
400 g Aprikosen
125 g Himbeeren

ZUBEREITUNG

1 Für den Mürbeteig die Butter mit Puderzucker, Vanillemark, Zitronenschale und 1 Prise Salz in einer Rührschüssel mit den Knethaken des Handrührgeräts verkneten (alternativ alles mit einer Teigkarte zu einer glatten Masse verarbeiten).

2 Das Ei dazugeben und unterrühren, dabei die Masse aber nicht schaumig schlagen. Zuletzt das Mehl hinzufügen und nur so lange kneten, bis der Mürbeteig glatt ist. Zu einem flachen Ziegel formen, in Frischhaltefolie wickeln und 2 Stunden im Kühlschrank ruhen lassen.

3 Den Backofen auf 200 °C vorheizen. Eine Springform (26 cm Durchmesser) mit weicher Butter einfetten, dabei die Ränder nur im unteren Drittel fetten. Den Mürbeteig auf der leicht bemehlten Arbeitsfläche mit den Händen nochmals kurz durchkneten und dann mit dem Nudelholz zu einer runden Teigplatte (ca. 30 cm Durchmesser und 3 bis 4 mm Dicke) ausrollen (übrigen Teig anderweitig verwenden).

4 Für die Eiersahne Sahne, Frischkäse, Eier und Zucker in einen hohen Rührbecher geben. Mit dem Vanillemark und der Orangenschale würzen und alle Zutaten mit dem Stabmixer verrühren. Die Eiersahne durch ein Sieb gießen und beiseitestellen.

5 Die Teigplatte so in die Springform legen, dass ein Rand von 1 ½ bis 2 cm Höhe entsteht. Den Teig mit einer Gabel mehrmals einstechen, einen Bogen Backpapier darauflegen und die Hülsenfrüchte darin verteilen. Den Boden im Ofen auf der mittleren Schiene etwa 15 Minuten hellbraun backen. Danach das Papier mit den Hülsenfrüchten entfernen und den Boden noch etwa 2 Minuten weiterbacken. Dann aus dem Ofen nehmen und mit den Biskuitbröseln bestreuen.

6 Die Ofentemperatur auf 175 °C reduzieren. Die Aprikosen waschen, halbieren und entsteinen. Die Himbeeren verlesen, waschen und trocken tupfen. Die Aprikosenhälften von außen nach innen dachziegelartig auf den vorgebackenen Mürbeteigboden legen und die Himbeeren dazwischensetzen. Zuletzt die Eiersahne vorsichtig über die Früchte gießen und den Kuchen im Ofen auf der untersten Schiene etwa 35 Minuten backen. Herausnehmen und vor dem Servieren kurz abkühlen lassen. Der Kuchen schmeckt lauwarm oder abgekühlt.

Münchner-Kindl-Kücherl

ZUBEREITUNG

1 Für die Küchlein den Backofen auf 175 °C vorheizen. Die Haselnüsse in einer Pfanne ohne Fett leicht rösten, herausnehmen und etwas abkühlen lassen. Alle Zutaten – bis auf den Kakao – gründlich verrühren. Ein Drittel des Teigs abnehmen und mit dem gesiebten Kakao verrühren. Den hellen und den dunklen Teig jeweils in einen Spritzbeutel mit Lochtülle füllen.

2 In kleine Silikonformen (z. B. für Mini-Gugelhupfe oder Halbkugeln) erst die weiße Masse drei Viertel hoch füllen, dann jeweils etwas dunkle Masse in die Mitte spritzen, bis die Formen fast voll sind. Die Küchlein im Ofen auf der mittleren Schiene 12 bis 15 Minuten goldbraun backen. Aus dem Backofen nehmen, auf ein Blech stürzen und abkühlen lassen. Dann aus den Formen lösen.

3 Zum Glasieren ein Tablett mit Backpapier belegen. Die Kuchenglasur in einer Metallschüssel über dem heißen Wasserbad unter Rühren schmelzen lassen. Das Mini-Gebäck mit einer Tunkgabel durch die Kuchenglasur ziehen, abtropfen lassen und auf das Tablett setzen. Die noch flüssige Glasur sofort mit den goldenen Zuckerperlen bestreuen und fest werden lassen. Die Kücherl in eine gut schließende Dose nebeneinander legen und kühl aufbewahren (so halten sich die Münchner-Kindl-Kücherl drei bis vier Tage).

CA. 36 STÜCK (2 18ER-BLECHE)

FÜR DIE KÜCHLEIN

50 g gemahlene Haselnusskerne
75 g warme braune Butter
(siehe S. 64)
125 g Zucker
4 Eiweiß · 50 g Mehl
1 Msp. Vanillemark
1 Prise Salz
1 Msp. abgeriebene unbehandelte
Orangenschale
1 EL Kakaopulver

AUSSERDEM

150 g dunkle Schokoladen-
kuchenglasur
einige möglichst kleine
Goldzuckerperlen

Klein, aber Oho

Den wohl prominentesten Auftritt hat das Münchner Kindl, die zu Fleisch gewordene Wappenfigur der Stadt München, beim Anzapfen. Wenn der Oberbürgermeister das erste Fass auf dem Oktoberfest ansticht, ist das Kindl immer mit von der Partie. Lieber als ein Krügerl ist dem Kindl aber ein Kücherl. Ein Münchner Kindl Kücherl.

Baiserschnitten „Franz von Stuck"

16 SCHNITTEN

FÜR DEN RÜHRTEIG

125 g weiche Butter
150 g Zucker
1 EL Vanillezucker
4 Eigelb · 1 Ei
150 g Mehl
1 TL Backpulver

FÜR DIE FÜLLUNG

2 ½ Blatt Gelatine
200 g saure Sahne
60 g Zucker
Saft von ½ Zitrone
400 g Sahne
250 – 300 g Himbeeren
(ersatzweise Erd- oder
Heidelbeeren)

FÜR DAS BAISER

4 Eiweiß
150 g Zucker · Salz

AUSSERDEM

Öl für das Blech
200 g gemischte Beeren zum
Garnieren (z. B. Brom-, Erd-,
Heidel-, Him- und Johannis-
beeren)
Puderzucker zum Bestäuben

ZUBEREITUNG

1   Den Backofen auf 180 °C vorheizen. Ein Backblech mit Öl bestreichen und mit einem Blatt Backpapier auslegen. Für den Rührteig die weiche Butter mit Zucker und Vanillezucker schaumig schlagen. Die Eigelbe und das Ei nacheinander einzeln dazugeben und unterrühren. Mehl und Backpulver sieben und mit einem Teigschaber unter den Teig ziehen.

2   Den Rührteig auf dem Blech verteilen und glatt streichen. Im Ofen im unteren Drittel etwa 15 Minuten goldbraun backen. Aus dem Ofen nehmen, mithilfe des Backpapiers auf eine Arbeitsplatte stürzen und das Backpapier vorsichtig abziehen. Den Boden halbieren, eine Hälfte zurück auf das Backblech legen und einen Backrahmen passend darum herumstellen (für die Creme). Die andere Hälfte auf ein weiteres Backblech legen (als Deckel, darauf kommt das Baiser).

3   Für die Füllung die Gelatine in kaltem Wasser einweichen. Die saure Sahne mit dem Zucker glatt rühren. Den Zitronensaft in einem kleinen Topf erhitzen, vom Herd nehmen und die ausgedrückte Gelatine darin auflösen. Erst ein Drittel der sauren Sahne mit einem Schneebesen unter die Gelatine rühren, dann die übrige saure Sahne mit einem Teigschaber unterrühren. Die Sahne cremig schlagen und vorsichtig unter die Sauerrahmmischung heben.

4   Die Füllung auf dem Boden im Backrahmen verteilen und glatt streichen. Die Beeren verlesen, waschen und trocken tupfen. Dann gleichmäßig auf der Creme verteilen und bei Bedarf etwas in die Creme drücken. Den Kuchen etwa 1 Stunde in den Kühlschrank stellen, bis die Creme fest ist.

5   Zum Servieren für das Baiser die Eiweiße mit 50 g Zucker und 1 Prise Salz schaumig schlagen. Sobald das Eiweiß steif wird, den übrigen Zucker nach und nach hineinrieseln lassen und alles zu einem glatten, glänzenden Schnee schlagen. Den Eischnee in einen Spritzbeutel mit Sterntülle füllen und damit dicht nebeneinander Spitzen auf die zweite Teigbodenhälfte auf dem Blech setzen.

6   Den Backofengrill vorheizen. Das Baiser auf dem Backblech im Ofen im unteren Drittel etwa 3 Minuten auf Sicht backen, bis die Spitzen goldbraun sind. Dabei das Blech, falls nötig, zwischendurch einmal drehen, damit alle Seiten gleichmäßig gebräunt werden. Herausnehmen und das Baiser lauwarm abkühlen lassen. (Alternativ die Baiserspitzen mit dem Flambierbrenner bräunen.)

7   Anschließend den Baiserdeckel auf die Beeren-Creme-Füllung setzen. Die Beeren zum Garnieren verlesen, waschen und trocken tupfen, dabei große Erdbeeren etwas klein schneiden. Den Kuchen in 16 Stücke schneiden, mit Puderzucker bestäuben und mit den Beeren garnieren.

Geeister Christkindlauflauf

4 PERSONEN

FÜR DEN AUFLAUF

1 EL getr. Cranberrys
50–100 ml heißer Früchtetee
25 g Pistazienkerne
20 g Mandelblättchen
1 geh. EL Puderzucker
½ Blatt Gelatine
2 Eigelb · 1 Ei
75 g flüssiger Honig
Mark von 1 Vanilleschote
je ½ TL abgeriebene unbehandelte Zitronen- und Orangenschale
200 g Sahne

FÜR DIE FRÜCHTE

je 1 blaue und gelbe Pflaume
1 Orange
1 EL Granatapfelkerne

AUSSERDEM

Öl für die Förmchen
1 EL geraspelte Zartbitterschokolade

ZUBEREITUNG

1 Für den Auflauf die Cranberrys mit dem heißen Früchtetee aufgießen und 20 Minuten ziehen lassen. Anschließend in ein Sieb abgießen und gut abtropfen lassen. Die Pistazien grob hacken, mit den Mandelblättchen in einer Pfanne ohne Fett erhitzen, nach und nach mit dem Puderzucker bestäuben und immer wieder unter Rühren leicht karamellisieren. Aus der Pfanne nehmen und abkühlen lassen.

2 Die Gelatine in etwas kaltem Wasser einweichen. Eigelbe, Ei, Honig, Vanillemark, Zitronen- und Orangenschale in einer Metallschüssel über dem heißen Wasserbad dickschaumig aufschlagen (die Temperatur sollte 78 °C nicht überschreiten). Die Gelatine ausdrücken und in der warmen Schaummasse unter Rühren auflösen.

3 Das Ganze aus dem Wasserbad nehmen und mit einem Schneebesen oder der Küchenmaschine so lange weiterschlagen, bis die Masse kalt ist und leicht zu gelieren beginnt (nach Belieben auf Eiswasser kalt schlagen). Die Sahne cremig aufschlagen und mit Pistazien, Mandelblättchen und eingeweichten Cranberrys unter die Eiermasse ziehen.

4 Vier Auflaufförmchen (à ca. 150 ml Inhalt) am inneren oberen Rand 1 bis 2 cm mit Öl einfetten und die Ränder mit je einem 3 bis 4 cm breiten Streifen Backpapier auslegen, sodass es etwa 2 cm über den Rand ragt. Die Masse in den Förmchen verteilen und mindestens 2 Stunden im Tiefkühlfach gefrieren lassen.

5 Etwa 20 bis 30 Minuten vor dem Servieren die gefrorenen Auflaufportionen aus dem Tiefkühlfach nehmen und in den Kühlschrank stellen. Inzwischen für die Früchte die Pflaumen waschen, halbieren, entsteinen und in Spalten schneiden. Die Orange vollständig schälen und in Scheiben schneiden oder filetieren.

6 Zum Servieren das Backpapier vorsichtig aus den Auflaufförmchen ziehen. Die Aufläufe mit Schokospänen bestreuen, die Früchte und die Granatapfelkerne darauf oder daneben anrichten.

Tipp: Durch das Backpapier können Sie die Masse bis über den Rand hinaus in die Förmchen füllen. So sieht das Ganze nach dem Abziehen des Backpapiers auch wie ein Auflauf aus.

Kini-Schmarrn

4 PERSONEN

FÜR DEN SCHMARRN

150 g Mehl · ⅓ TL Backpulver
¼ l Milch · 5 Eier
50 g Speisequark oder Sahne
1 EL Vanillezucker
je 1 TL abgeriebene unbehandelte
Zitronen- und Orangenschale
1 TL brauner Rum
Salz · 90 g Zucker
1 EL braune Butter (siehe S. 64)

FÜR DIE BEEREN

300 g gemischte Beeren
(z. B. Erd-, Him- und Johannisbeeren)
1 EL Puderzucker
1 TL Orangenlikör
(z. B. Grand Marnier)

AUSSERDEM

1 EL gehackte Pistazienkerne
2 EL gebräunte Mandelblättchen
4 Minzespitzen zum Garnieren
Puderzucker zum Bestäuben

ZUBEREITUNG

1 Für den Schmarrn den Backofen auf 175 °C vorheizen. Das Mehl mit Backpulver mischen, in eine Schüssel sieben und mit der Milch glatt rühren. Die Eier trennen, die Eigelbe mit Quark oder Sahne, Vanillezucker, Zitronen- und Orangenschale und Rum unter die Mehl-Milch-Mischung rühren.

2 Die Eiweiße mit 1 Prise Salz und 50 g Zucker zu einem glänzenden, cremigen Schnee schlagen. Ein Drittel des Eischnees mit einem Schneebesen unter die Mehl-Eigelb-Mischung rühren, den übrigen Eischnee mit einem Teigschaber vorsichtig unterheben.

3 Die braune Butter in einer großen und tiefen ofenfesten Pfanne (28 cm Durchmesser) bei milder Hitze zerlassen und etwas Zucker darüberstreuen. Den Teig einfüllen und auf der Unterseite anbacken lassen. Anschließend den Schmarrn im Ofen auf der mittleren Schiene etwa 25 Minuten goldbraun backen.

4 Aus dem Backofen nehmen, den Schmarrn mit zwei Gabeln in mundgerechte Stücke zupfen und mit dem übrigen Zucker in der Pfanne hell karamellisieren. Zuletzt Pistazien und Mandelblättchen darüberstreuen.

5 Die Beeren verlesen, waschen und trocken tupfen, größere Exemplare klein schneiden. Mit Puderzucker und Orangenlikör marinieren. Die Minze waschen und trocken tupfen. Den Schmarrn auf vorgewärmte Teller verteilen, mit Puderzucker bestäuben und mit Beeren und Minzespitzen garniert servieren.

Wahrhaft königlich

In Bayern war der Kaiser nicht der Höchste, sondern immer der Kini, der König. Von daher kann es in diesem Kochbuch keinen Kaiserschmarrn, geben sondern nur einen Kini-Schmarrn. Den hätte vielleicht sogar die Sisi gegessen, den Kaiserschmarrn hatte sie ja verweigert.

Datschi-Burger

4 PERSONEN

FÜR DIE BUTTER-MILCHMOUSSE

1 ½ Blatt Gelatine
100 g Buttermilch
1 EL Zitronensaft
30 g Puderzucker
80 g Sahne
40 g geriebene Haselnusskerne
Zimtpulver

FÜR DEN BISKUIT

4 Eier (200 g) · 100 g Zucker
1 EL Vanillezucker · Salz
½ TL abgeriebene unbehandelte
Zitronenschale
65 g Mehl · 65 g Speisestärke
50 g warme braune Butter
(siehe S. 64)
2 EL Mandelblättchen

FÜR DIE ZWETSCHGEN

500 g Zwetschgen
ca. 70 g Zucker
50 ml kräftiger Rotwein
30 ml roter Portwein
1 TL Speisestärke
1 Msp. fein geriebener Ingwer
1 Splitter Zimtrinde
3 cm Vanilleschote
milde Chiliflocken (ersatzweise
1 kleine getr. rote Chilischote)

AUSSERDEM

1 Handvoll gemischte Beeren
(z. B. Brom-, Heidel-, Him- und
Johannisbeeren)
Puderzucker zum Bestäuben

ZUBEREITUNG

1 Für die Mousse die Gelatine in kaltem Wasser einweichen. Die Buttermilch mit Zitronensaft und Puderzucker in einer Metallschüssel über dem heißen Wasserbad verrühren. Die Gelatine tropfnass in einem kleinen Topf erwärmen und auflösen. Vom Herd nehmen und erst einige Esslöffel Buttermilchmischung unterrühren, dann die Gelatinemischung unter die übrige Buttermilch mischen. Die Schüssel in ein kaltes Wasserbad stellen und alles mit einem Schneebesen kalt rühren, bis die Masse zu gelieren beginnt. Die Sahne cremig schlagen und unter die kalte Buttermilchmasse heben. In vier Dessertringe (à ca. 7 cm Durchmesser) füllen und zugedeckt im Kühlschrank 2 Stunden fest werden lassen (alternativ die Creme zum Stocken etwa 15 Minuten ins Tiefkühlfach stellen).

2 Für den Biskuit den Backofen auf 210 °C vorheizen. Ein Backblech mit einem Blatt Backpapier auslegen. Eier, Zucker, Vanillezucker, 1 Prise Salz und Zitronenschale mit dem Schneebesen der Küchenmaschine etwa 5 Minuten zu einer feinen Masse aufschlagen, die nicht mehr an Volumen gewinnt.

3 Mehl und Speisestärke mischen, auf die aufgeschlagene Masse sieben und mit einem Teigschaber locker unterheben. Zuletzt die braune Butter zügig unterheben (nicht zu lange rühren!). Die Masse gleichmäßig hoch auf das Backpapier streichen, mit den Mandelblättchen bestreuen und im Ofen auf der mittleren Schiene 10 bis 12 Minuten auf Sicht goldbraun backen. Den gebackenen Biskuitboden auf die Arbeitsfläche stürzen, das Backpapier vorsichtig abziehen, den Boden wieder umdrehen und abkühlen lassen. Anschließend 8 Kreise (à ca. 9 cm Durchmesser; Biskuitreste anderweitig verwenden) ausstechen.

4 Die Zwetschgen waschen, halbieren, entsteinen und vierteln. Den Zucker in einer tiefen Pfanne bei milder Hitze hell karamellisieren. Rotwein und Portwein dazugießen und aufkochen. Speisestärke mit wenig kaltem Wasser glatt rühren, in den Wein geben und köcheln lassen, bis dieser sämig bindet. Zwetschgen, Ingwer, Zimt, Vanilleschote und 1 Prise Chiliflocken hinzufügen. Alles aufkochen und knapp unter dem Siedepunkt so lange ziehen lassen, bis die Zwetschgen beginnen, weich zu werden. Vom Herd nehmen und abkühlen lassen.

5 Inzwischen die Haselnüsse in einer Pfanne ohne Fett hell rösten, bis sie leicht zu duften beginnen, und sofort in einen tiefen Teller geben. Mit 1 Prise Zimt mischen und vollständig abkühlen lassen.

6 Die Mousse aus den Ringen lösen und vorsichtig in den gewürzten Haselnüssen wenden. Zum Servieren je 1 Biskuitscheibe auf vier Dessertteller setzen und etwas Zwetschgenkompott darauf verteilen. Die in Haselnüssen gewendeten Moussescheiben daraufsetzen und nochmals Zwetschgen darauf verteilen. Zuletzt die übrigen 4 Biskuitscheiben schräg daraufsetzen und alles mit gewaschenen Beeren garnieren und mit Puderzucker bestäuben.

Register

Bildnachweis:

Umschlag:

Cover oben (Porträtfoto): Jana Liebenstein

Cover unten: Getty Images/Dennis Fischer Photography

Umschlagrückseite Foodfotos: Susie Eising, Katrin Winner (Eising Studio GmbH | Food Photo & Video)

Innenteil:

Porträtfoto S. 5: Jana Liebenstein

Porträtfoto S. 136: Stefan Braun

Bilder von mauritius images:

Brigitte Protzel/Burg Grünwald S. 116/117; Brigitte Protzel/Segelboot auf dem Chiemsee S. 62/63; Christian Bäck S. 20/21; image BROKER/Helmut Meyer zur Capellen S. 74; image BROKER/Karsten Jeltsch S. 58; Jule Leibnitz S. 110; Lola Montez portrait by Josef Heigel before 1840 S. 21; Martin Kriner S. 6; Martin Siepmann S. 82/83; Nature in Stock/Ronald Stiefelhagen S. 108/109; Novarc/Stefan Hefele S. 42/43; Stefan Hefele S. 26; United Archives S. 53; Westend61/Michael Malorny S. 96/97; Westend61/Tom Chance S. 52/53; Wolfgang Filser/Wolfgang Filser S. 109

SZ Photo/Süddeutsche Zeitung Photo S. 97

Sammlung Megele/Süddeutsche Zeitung Photo S. 43

Wegweiser zu den Sendungen 2017

Unser Autor

ALFONS SCHUHBECK

Der Meisterkoch, Autor und Unternehmer ist ein wahres Multitalent. In seinen Lehr- und Wanderjahren hat er seinen Horizont in Genf erweitert, in den Schmelztiegel Paris hineingeschnuppert und das Asien-geprägte London erkundet. Und von dort ein großes Wissen über Geschmäcke und Gewürze mitgebracht, die seiner bayerischen Küche etwas Besonderes geben.

© 2017 ZS Verlag GmbH
Kaiserstraße 14b
D-80801 München

ISBN 978-3-89883-682-1
1. Auflage 2017

Projektleitung: Alexandra Gudzent
Rezeptküche: Monika Reiter, Gerlinde Hans
Redaktionelle Mitarbeit & Lektorat: Kathrin Gritschneder
Interview und Texte: Vincent Rudolph
Grafische Gestaltung: Melville Brand Design (Lars Harmsen, Florian Brugger), Georg Feigl
Porträt- und Landschaftsfotos: s. Bildnachweis S. 133
Foodfotografie: Susie Eising, Katrin Winner (Eising Studio GmbH | Food Photo & Video)
Foodstyling: Monika Schuster, Gerlinde Hans
Herstellung & Producing: Jan Russok
Druck & Bindung: optimal media GmbH, Röbel

In Zusammenarbeit mit dem BR Fernsehen in Lizenz durch die BRmedia Service GmbH

Die ZS Verlag GmbH ist ein Unternehmen der Edel AG, Hamburg.
www.zsverlag.de | www.facebook.com/zsverlag

Willkommen bei Alfons Schuhbeck!

Alfons Schuhbecks Sternerestaurant „In den Südtiroler Stuben" liegt am historischen Platzl, im Herzen von München. Hier finden Sie auch seine Kochschule, sein Restaurant „Orlando" mit der „Orlando Bar", seinen Eissalon, seine „Sportsbar" sowie seinen Gewürz-, Tee-, Schokoladen- und Müsliladen. Alfons Schuhbecks Produkte können Sie bequem im Online-Shop bestellen. Weitere Informationen erhalten Sie im Internet, telefonisch oder persönlich am Platzl.

Schuhbecks
Platzl 2
80331 München
Tel.: 089/21 66 90-110
www.schuhbeck.de
www.schuhbeck-gewuerze.de